ERP 沙盘模拟原理与实训

（实物＋电子）

吴　鹤　张志远　主　编

中国财经出版传媒集团

经济科学出版社

Economic Science Press

图书在版编目（CIP）数据

ERP沙盘模拟原理与实训（实物＋电子）／吴鹤，张志远主编.
—北京：经济科学出版社，2017.12
ISBN 978 - 7 - 5141 - 8811 - 0

Ⅰ.①E…　Ⅱ.①吴…②张…　Ⅲ.①企业管理－计算机管理
系统－高等学校－教材　Ⅳ.①F270.7

中国版本图书馆CIP数据核字（2017）第312335号

责任编辑：白留杰　刘殿和
责任校对：隗立娜
责任印制：李　鹏

ERP沙盘模拟原理与实训（实物＋电子）
吴　鹤　张志远　主　编
经济科学出版社出版、发行　新华书店经销
社址：北京市海淀区阜成路甲28号　邮编：100142
教材分社电话：010 - 88191355　发行部电话：010 - 88191522
网址：www. esp. com. cn
电子邮件：esp@ esp. com. cn
天猫网店：经济科学出版社旗舰店
网址：http：//jjkxcbs. tmall. com
北京密兴印刷有限公司印装
787×1092　16开　14.5印张　360000字
2017年12月第1版　2017年12月第1次印刷
ISBN 978 - 7 - 5141 - 8811 - 0　定价：43.00元
（图书出现印装问题，本社负责调换。电话：010 - 88191510）
（版权所有　侵权必究　举报电话：010 - 88191586
电子邮箱：dbts@ esp. com. cn）

前　言

　　沙盘模拟 2000 年初从西方引入中国，这种学习形式将教学与实物相结合，逼真、直观、完整地展现管理流程和经营理念。ERP 沙盘是模拟企业的工具，它将真实企业的主要职能部门集中在一个盘面上，将企业的运营搬进课堂。ERP 沙盘模拟通过将企业经营所处的内外部环境抽象为一系列的规则，由学生组成多个相互竞争的模拟企业，学生担任不同的角色，通过若干年的经营，使学生在分析市场、制定战略、营销策划、组织生产、财务管理等一系列活动中感受真实的市场环境与经营流程，把所学的专业知识和经验与实际存在的问题紧密地联系起来，从而达到激发学习兴趣和创新思维的一种情景式、互动式教学。该实训课程已经成为很多高校经管类专业的重要实践平台课，深受院校师生的喜爱。与传统课堂教学不同，"对抗演练"将学生融入了"真实环境"。学生们可以在短短的 30 余课时的时间里理解企业的整体运作，理解团队合作的真实含义，理解信息化对企业经营决策的重要意义。

　　ERP 沙盘模拟通常采用两种方式：实物沙盘与电子沙盘。由于各有优势，在实际授课过程中也往往采取先实物沙盘再电子沙盘的授课方式。实物沙盘使用一系列实物教具，学习过程更直接、更形象，让学生"看得见、摸得着"，与实际企业管理过程更接近，通过推盘可以使学生对企业的经营流程有一个感性的认识，但是由于手工操作的局限性，很多环节不易控制。电子沙盘内设了很多控制机制，这种计算机内部控制学生无法绕过，结果也更加客观公正。电子沙盘操作过程更加节省时间，更加易于控制，模拟过程有迹可循，成为众多沙盘比赛的选择的方式。基于以上原因，本书涵盖了实物沙盘和电子沙盘两部分内容。

　　本书按照突出应用性、实践性的原则，在理论与实践相结合的基础上，适当压缩理论部分，扩展实践内容，注重培养学生的实际操作能力与解决问题的能力。以方便教学为出发点，力图以通俗的语言剖析企业经营的本质，建立全局观。在内容上包含了实物沙盘与实物沙盘两部分实训，详细介绍了其规则、流程、操作过程，并对二者的差异进行了讲解，能够使初次接触该课程的学生迅速掌握。针对沙盘设计了 ERP 沙盘模拟的实战案例，对各组经营的具体情况进行详细分析，总结成功的经验与失败的原因，为学生在课程中如何制定各种决策提供参考与借鉴。本书第五部分将沙盘教学与相关的企业管理经营的知识进行了融合，以期进一步提高学生战略经营方案的制定能力、市场应变能力、方案的评价能力。本书的附录包含了详尽的实训中使用的各种表格，方便学校进行教程和实训手册的整合，节约教学资源。

　　本书由吉林财经大学吴鹤、张志远老师编写大纲、统稿和修订，并配备了部分图表。具体章节分工如下：吴鹤编写第 1 章、第 2 章、第 3 章和第 5 章；张志远编写第 4 章和第 6 章。在本书的撰写过程中，得到了用友新道科技有限公司与吉林财经大学会计学院领导和教师的帮助与支持。此外，编者还借鉴、参阅了国内外一些专家学者的研究成果和同行的有关论著。在此，表示最诚挚的谢意！

　　由于编者水平有限，时间仓促，书中难免有不足之处，敬请同行及读者批评指正，以便在将来再版时进行修订和完善。

编者

2017 年 11 月

目 录

第1章 ERP 沙盘模拟概述

1.1 ERP 沙盘含义及起源

沙盘最早应用于军事上，根据地形图或实地地形，按一定的比例尺用泥沙、兵棋等各种材料堆制而成模型，常供研究地形、敌情、作战方案、组织协调行动和实施训练时使用。随着近年科技的不断发展，沙盘作业也在与时俱进，被广泛应用于各种领域。

20 世纪 20 年代，美国哈佛大学经过长期研究发现提高财商最有效的方法是实践。但人们一般很少有机会去实践，因为实践需要金钱的投入，于是哈佛大学创建了模拟沙盘，希望学生在模拟的财经实践活动中逐步提高财商。1978 年瑞典皇家工学院的 Klas Mellan 开发了 ERP 沙盘模拟训练课程，主要用于对非财会人员进行财会培训。该课程迅速风靡全球，目前已成为世界 500 强等企业广泛采用的一种经理人培训方法。

ERP 沙盘是企业资源计划（enterprise resource planning）沙盘的简称。通过 ERP 沙盘可以展示企业的主要物质资源，包括厂房、设备、仓库、库存物资、资金、职员、订单、合同等各种内部资源；还可以展示包括企业上下游供应商、客户和其他合作组织，甚至为企业提供各种服务的政府管理部门和社会服务部门等外部资源。一般来说，ERP 沙盘展示的重点是企业的内部资源。ERP 沙盘是模拟企业的工具，它将真实企业的主要职能部门集中在一个盘面上，将企业的运营搬进课堂。ERP 沙盘模拟通过将企业经营所处的内外部环境抽象为一系列的规则，由学员组成多个相互竞争的模拟企业，担任不同的角色，通过若干年的经营，使其在分析市场、制定战略、营销策划、组织生产、财务管理等一系列活动中感受真实的市场环境与经营流程，把所学的专业知识和经验与实际存在的问题紧密联系起来，从而达到激发学习兴趣和创新思维的一种情景式、互动式教学。

1.2 ERP 沙盘模拟课程的主要内容

商场如战场，一个企业的经营管理要比作战指挥复杂得多。学生学习了包括战略管理、市场营销、生产运营、物流与供应链、财务管理及会计等诸多课程，每门课程都从不同的方面展现了企业的一个局部现状，难免会造成"只见树木不见森林"的情况。

把一个企业各个部门的运作，提炼成一个实物模型，让学员在这个模型上进行实际演练，无疑可以避免前面的缺憾，这就是 ERP 沙盘模拟的由来。ERP 沙盘模拟实训课程教学以一套沙盘教具为载体，包括沙盘盘面（图 1 – 1）6 ~ 8 张，代表 6 – 8 个相互竞争的模拟企业。

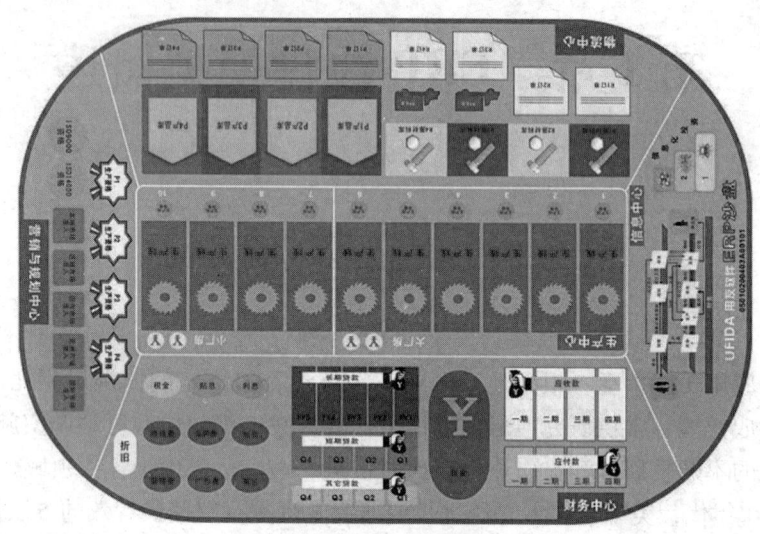

图 1 – 1　ERP 沙盘盘面

盘面上"采购""生产"和"销售"部分模拟企业的"物流过程"，即原材料订货、原材料采购入库、生产上线、生产更新、生产完工、产成品入库和按照订单销售；"财务"部分模拟企业的"资金流过程"，包括银行贷款管理（长期贷款、短期贷款、高利贷）、应收账款管理、应付账款管理以及成本费用形成过程，成本费用包括管理费用（行政费用）、销售费用（广告费用）、制造费用（生产线维护费用、生产线转产费用、厂房租金和设备折旧）、财务费用（银行利息、应收账款贴现费用）和所得税费用等；"规划"部分模拟的是企业"长远规划流程"，包括市场开拓、ISO 品牌认证、新产品研发等。

学员在这个沙盘模型上面，通过自己动手实际进行推演，连续完成一般为期 6 年的企业经营操作，不断地认识到经营过程中的"错误"，在老师每年总结点评的基础上，一步步从对企业的"感性认识"，延伸到对企业整体运作的"理性认识"层次。在训练的过程中，理解企业经营的真谛。

学员可以从 ERP 沙盘模拟课程中得到以下体会：

亲身体验一个企业管理的完整流程，包括：物流、资金流和信息流的协同，理解企业实际运作中各个部门和管理人员的配合。

理解企业的"血液系统"——现金流控制的重要性，体验企业财务管理全部流程以及贷款、融资、资产回报率（ROA）、权益回报率（ROE）、速动比率等因素对绩效考核的作用。

理解企业的"消化系统"——销售订单、商品采购、商品销售、生产、运输、库存等物流管理的相互协调，以及成本控制、合理开支等概念的理论和方法。

理解市场战略、分析与预测企业营销环境、找准市场的切入点、合理进行市场投入、品牌建设的作用，以及深刻剖析竞争对手——出其不意，攻其不备的重要性。

理解企业的"神经系统"——各种基础数据信息的获得流程，以及信息流对企业决策的关键作用，企业进行信息化建设的必要性和急迫性。

理解企业岗位职能的作用，以及知识管理、技能培训等人力资源管理的重要性。

1.3 教师与学生在课程中的角色与任务

ERP沙盘模拟课程与传统的以教师讲授为主、学生被动接受的模式有很大的区别。在授课的过程中，教师除了在最初阶段以讲授的方式介绍规则外，其余的时间都交给学生，学生是教学的主体，而教师的主要作用是进行组织、引导、解决问题和分析总结（表1-1）。

表1-1 教师与学生在ERP沙盘中的任务与角色

课程流程	具体任务	教师角色	学生角色
组织准备工作	组织团队，角色定位	引导者	认领角色
基本情况描述	了解企业基本概况	引导者、企业旧任管理层	新任管理层
企业运营规则	了解实训规则	解说者、企业旧任管理层	新任管理层
初始状态设定	企业运营起点	引导者	新任管理层
企业经营竞争模拟	战略制定	商务、媒体信息发布者	角色扮演
	融资	股东、银行家、高利贷者	角色扮演
	订单争取、交货	客户	角色扮演
	购买原料、下订单	供应商	角色扮演
	流程监督	审计	角色扮演
	规则确认	咨询顾问	角色扮演
现场解析		评论、分析师	角色扮演

1.4 课程体系设计

"ERP沙盘模拟"课程体系包括两个阶段：实物沙盘阶段和电子沙盘阶段。实物沙盘是使用实物教具进行企业经营模拟操作的沙盘形式，具有操作性强、直观、趣味性强等优点，但容易出现操作错误和不规范行为。电子沙盘采用计算机软件的形式进行模拟对抗，具有规范性强、评判公正、有助于分析等优点，但是由于缺少直观性，经营过程容易出现失误。基于实物沙盘和电子沙盘各自特点，教学中往往采用两者相结合的形式进行，二者之间的比较见表 1 -2。

表 1 -2　　　　　　　　　　　　课程体系设计说明

课程阶段	实训定位	课程性质	优点	缺点	硬件配置	软件配置
实物沙盘	完全采用道具和手工运算的方式完成企业经营过程。学生能够以看得见、摸得着、想得到、做得到的方式分析市场、制定战略、组织生产、整体营销和财务核算	基础实训	形象直观，灵活性高，经营气氛好，适合初学者，体验感很好	组织要求高，监控难度大，学生可能在实训时作弊	沙盘道具	用友提供的专用 Excel 表格工具
电子沙盘	通过计算机软件，学生模拟企业的经营过程。学生能够以规范的方式体验企业运营流程，了解企业资源的有限性	进阶实训课程，先前课程为实物沙盘	计算机规范了操作过程，具有指引性，提高企业经营效率，从而深刻体会 ERP 管理思想，并且易于监控，不容易作弊；可独立运行，也可以结合手工实物沙盘运行	不够形象直观，学生现场体验感较差，更适合提高阶段及竞赛，提高阶段结合实物沙盘效果最佳	电脑	用友商战企业模拟经营系统

1.4.1　实物沙盘简介

实物沙盘教学以一套沙盘教具为载体，主要包括若干张沙盘盘面（见图 1 -1），代表相互竞争的模拟企业。沙盘盘面按照制造企业的职能部门划分了职能中心，包括营销与规划中心、生产中心、物流中心和财务中心。各职能部门覆盖了企业运营的所有关键环节：战略规划、市场营销、生产组织、采购管理、库存管理、财务管理等，是一个制造企业的缩影。

实物沙盘的操作过程中，学生使用盘面与道具，教师可以使用软件辅助完成广告费录入、选单与报表填制等流程，软件可提供最终各小组成绩，并具备数据统计分析等功能，图 1 -2 为用友手工沙盘配套软件的界面。

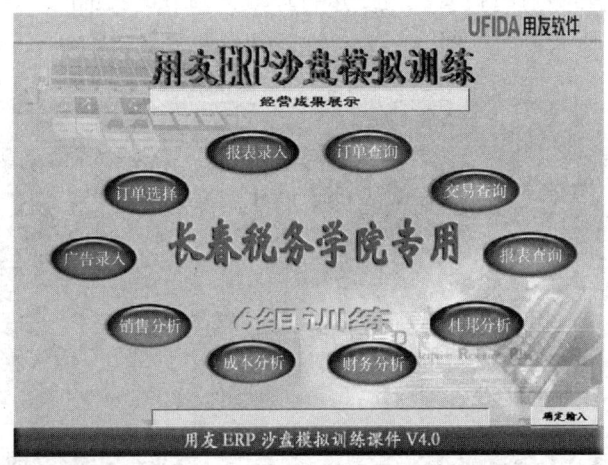

图 1 – 2　实物沙盘配套软件界面

1.4.2　用友电子沙盘简介

新道新商战沙盘系统是用友新道公司在实物沙盘后自主研发的一款通过电子沙盘仿真推演，让学生感知企业经营管理过程的实践教学产品。其实现了选单、经营过程、报表生成、赛后分析的全自动操作，将指导教师从选单、报表录入、监控中解放出来，而将重点放在企业经营的本质分析。

该产品可支持 4～5 个学生组成企业经营团队，在教师的指导下，按照设定的场景自主实施一个企业 6 年的经营过程，可仿真训练企业整体战略规划、产品研发、设备投资改造、生产能力规划、物料需求计划、资金需求计划、市场与销售、财务经济指标分析、团队沟通与建设等多方面经营活动，以财务及生产经营指标结果作为评价经营效果的标准。该产品可支持最少 1 个班级，最多 99 个班级，每个班级最少 1 个团队，最多 99 个团队的仿真实训训练。该产品可作为学校通用素质类课程之一，既可支持同一个学校校内所有学生同时开课、同时比赛，也可以支持校际之间学习交流及对抗竞赛。

系统已预制多套教学规则及配套订单，老师可以根据需要自行选择教学方案，也可以通过规则工具和订单工具自行增加规则及订单，另外部分指标参数化，使教学、比赛均更方便灵活。

新道新商战沙盘系统具有以下特点：

（1）采用 B/S 架构，基于 Web 操作平台，实现本地或异地的训练。

（2）对运行过程中的主要环节进行控制，可以实现一旦操作不能返回该环节以前的操作，还可以自动核对现金流，现金流一旦断裂便不可继续运营。

（3）实现交易活动（包括银行贷款、销售订单、原料采购、交货、应收账款回收、市场调查等）操作合法性验证的自动化。

（4）有多组训练的选择，可以支持 1～99 个组任选。

（5）可以对相关参数进行设置，改变运行环境，调节运行难度。

商战电子沙盘教师端界面见图 1 - 3，学生端界面见图 1 - 4。

图 1 - 3　商战电子沙盘教师端界面

图 1 - 4　商战电子沙盘学生端界面

1.5　组建团队与角色分工

组建团队是企业经营管理的核心内容。在 ERP 沙盘模拟对抗实训中，要将班级的学生分成若干团队，团队内的人员应技能互补，愿意为了共同的目的而承担责任。每组 5 ~ 6 人为宜，人数过少，每人承担的工作过多，忙不过来；人数过多，难免造成某些学员无事可做，造成“搭便车”的情况。根据参与学员的人数，一般分为 6 ~ 8 个小组，这就形成了相互竞争的企业。

各小组需要进行角色分工，教师可以为各小组留出一定的时间，由各小组讨论决定。

学员应根据各自的特点与偏好选择适合自己的角色。目前设置的岗位分工一般包括首席执行官（CEO）、财务总监（CFO）、市场营销总监（CSO）、生产运营总监（COO）、采购总监（CPO），见图 1 - 5。如果每组人数过少，可以一兼多职；如果每组人数过多，可以增设财务助理和商业间谍等角色。

图 1 - 5 企业组织构架

1.5.1 首席执行官（CEO）

企业在经营过程中需要作出各种决策，这就需要 CEO 能够统领全局，协调各部门之间的关系，充分调动每个成员的积极性。决策的正确与否决定了企业发展的方向，作出有利于企业发展的战略决策是 CEO 的最大职责，同时 CEO 还负责控制企业按流程运行。在实训中 CEO 要特别关注每个人是否能够胜任其岗位，尤其是一些重要岗位，如 CFO、CSO 等，如不能胜任，要及时调整，以免影响整个企业的运行及成绩。

1.5.2 财务总监（CFO）

资金是企业的血液，财务部门是企业的心脏。财务总监要参与企业重大决策方案的讨论，如设备投资、产品研发、ISO 认证等，支撑所有业务的资金需求，保证现金流。因为公司的每一笔资金都要经过财务部门，所以担任财务总监的成员要比较细心、耐心，对财务的相关知识有较好的掌握。

1.5.3 营销总监（CSO）

销售部门站在企业的最前沿，谁赢得市场，谁就赢得了竞争。市场营销就是企业用价值不断来满足顾客需求的过程。担任营销总监的成员必须要有纵观全局、深谋远虑的能力，对市场的分析能力要强，了解竞争对手，对顾客的需求要有很强的敏感度，能够按订单完成销售。担任营销总监的成员应性格活泼开朗，公关能力强，掌握一定的营销管理学的相关知识。

1.5.4　生产总监（COO）

生产中心是生产型企业的源头，所有产品都是在这里生产出来。生产部门的任务是合理地估计产能、按时完工，为营销总监确定广告费开支和竞争销售订单提供信息支持，而后合理安排产品研发、生产线更新，并根据销售订单合理安排生产。担任生产总监的成员必须思路清晰、应变能力强，必须与营销总监和财务总监有良好的沟通。

1.5.5　采购总监（CPO）

采购中心向供应商采购相应材料，及时、准确地按生产部门要求供料给生产部门，同时保持零库存状态。如果出现差错，直接会影响以后的生产，而生产的产品数量又影响订单的完成。担任采购总监的成员必须细心、精打细算，切记不要造成"停工待料"，一定要做好后勤保障工作。

ERP 沙盘模拟各角色职责见表 1 - 3。

表 1 - 3　　　　　　　　　　　沙盘模拟角色职责

角色	主要职责	操作职责	使用表单
首席执行官（CEO）	● 综合小组各个角色提供的信息 ● 决定每件事情做还是不做 ● 对每项决策及整体运营负责	● 组织每年的计划和预算工作 ● 按照运营表步骤，监督执行操作	● 运营流程表
财务总监（CFO）	● 制订财务预算 ● 控制现金流 ● 制定融资策略 ● 进行财务分析 ● 为 CEO 决策提供必要的财务信息	● 完成现金流预测计算 ● 支付各项财务费用 ● 支付各项投资 ● 管理贷款的借贷与偿还 ● 管理应收账款和应付账款 ● 编制每年的财务报表	● 综合费用明细表 ● 利润表 ● 资产负债表
营销总监（CSO）	● 透彻进行市场分析 ● 了解竞争对手情况 ● 研究市场进入策略 ● 研究产品研发策略 ● 研究广告投入策略 ● 了解产能和产品资源 ● 为 CEO 决策提供必要的市场信息	● 制订广告计划 ● 参加销售订单的竞争 ● 协助 COO 按照订单组织生产 ● 按照订单进行销售 ● 协助 CFO 统计销售额和计算直接成本 ● 协助 CFO 进行应收账款管理	● 市场预测 ● 广告登记表 ● 订单登记表

续表

角色	主要职责	操作职责	使用表单
生产总监（COO）	• 预测研发产品的盈亏平衡点 • 计算生产产能 • 制订设备和厂房投资计划 • 控制产品库存，降低资金占用风险 • 为 CEO 决策提供必要的生产信息	• 根据销售计划制订全面生产计划 • 执行生产计划 • 执行产品研发计划 • 购置/出售生产线 • 购置/出售厂房	• 生产过程记录表 • 产成品数量变化汇总表
采购总监（CPO）	• 根据生产计划、产品构成及原料采购周期精确预测采购计划 • 控制原料库存，降低资金占用成本	• 预订原材料 • 执行原材料采购	• 原材料需求及采购计划
财务助理	• 协助CFO进行费用管理	• 统计财务数据 • 协助编制财务报表	• 年末状态记录表 • 应收账款变化记录表
商业间谍	• 协助 CSO 进行市场分析 • 了解其他组经营状况 • 为 CEO 决策提供必要的商业情报		

有些角色可以相互弥补。如果每组人数较多，有些角色可以由两人承担；如果人数较少，可以由一人承担多个角色。在训练中各个角色应当各司其职，并相互配合。如生产总监计算产能和销售总监计算可获得订单数量需相互匹配，否则可能接单不足，影响企业业绩；或者接订单数量超过产能，不能按时交货而被罚款。各组学生可以根据自身的专长选择不同的角色，确定好角色后，按照图 1-6 坐在相应的位置上。

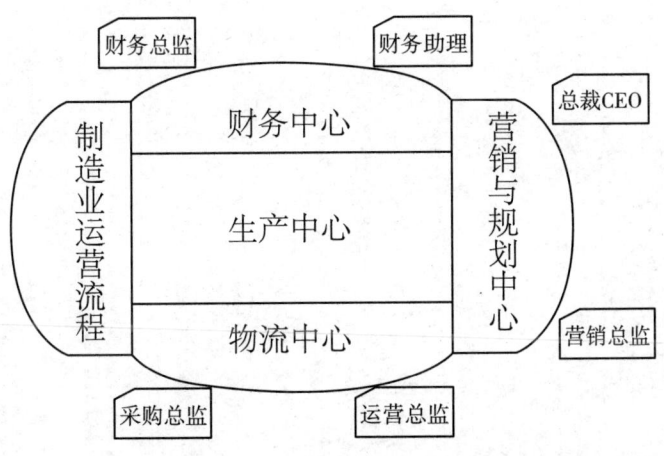

图 1-6　实物沙盘各角色座位

1.6　ERP 沙盘模拟企业现状

沙盘训练中模拟的 P 系列产品划分为四种，分别称之为 P1、P2、P3、P4。P 取自英文 product 的含义，同时也使训练时称谓更为方便。为了更贴近企业实际情况，有时还将 P 系列产品称呼为具体的产品名称，如在钢铁厂，可以称之为生铁、粗钢、板材、线材等。P1 产品是目前市场上的主导产品，P2、P3、P4 均是在 P1 产品基础上发展而来的新兴技术产品。P2 是对 P1 的局部技术改良产品，P3 和 P4 是 P 系列产品里的高端技术产品。

模拟企业长期以来一直专注于某行业 P 产品的生产与经营，目前生产的 P1 产品在本地市场知名度很高，客户也很满意。同时企业拥有自己的厂房，生产设备齐备，状态良好。

最近，一家权威机构对该行业的发展前景进行了预测，认为 P 系列产品将会从目前的相对低水平发展为一个高技术产品。

旧任管理层在企业发展上比较保守，特别是在市场开发和新产品的研发方面，所以企业一直处于小规模经营的状况。在未来的几年内，市场竞争将越来越激烈，如果继续目前的经营模式，很可能会被市场淘汰。因此，公司董事会及全体股东决定将企业交给一批优秀的新人去发展，他们希望新的管理层：

- 投资新产品的开发，使公司的市场地位得到进一步提升。
- 开发本地市场以外的其他新市场，进一步拓展市场领域。
- 扩大生产规模，采用现代化生产手段，努力提高生产效率。

新的管理层将由参加课程的各组学员担任。

第 2 章　ERP 实物沙盘模拟实训

2.1　实物沙盘教具

实物沙盘道具包括若干张运营盘面，灰币，原材料币，生产线（手工、半自动、全自动、柔性线），市场生产标识，ISO 等卡片及量杯。沙盘盘面按照制造企业的职能部门划分了职能中心，包括营销与规划中心、生产中心、物流中心和财务中心。

2.1.1　营销与规划中心

在盘面上，营销与规划中心（图 2 – 1）主要包括三个区域：市场开拓规划区域、产品研发规划区域和 IOS 认证规划区域。

图 2 – 1　营销与规划中心

市场开拓规划区域：确定企业需要开发哪些市场。各企业已经进入了本地市场，选择开拓的市场有区域市场、国内市场、亚洲市场和国际市场。

产品研发规划区域：确定企业需要研发哪些产品。各企业已经研发了 P1 产品，可供选择研发的有 P2 产品、P3 产品和 P4 产品。

IOS 认证规划区域：确定企业需要争取获得哪些国际认证，包括 ISO9000 质量认证和 ISO14000 环境认证。

企业只有取得相应的资格认证，才能进入相应的市场，生产相应的产品，获得需要认证的相应订单。

2.1.2　物流中心

在盘面上物流中心（图 2 - 2）主要体现为原材料订单、在途原材料、原材料库、产品库和产品订单五个区域。

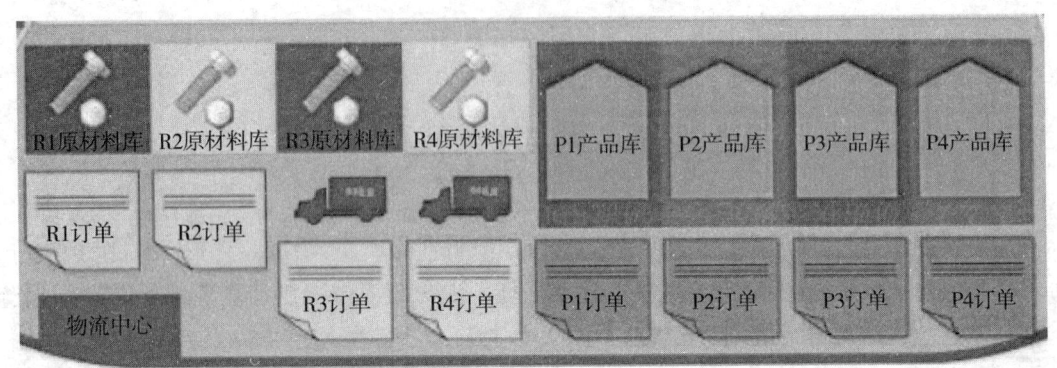

图 2 - 2　物流中心

原材料订单区域：代表与供应商签订的订货合同，订货数量用放在原材料订单处的空桶数量表示。原材料订单按 R1、R2、R3 和 R4 品种分别列示。

在途原材料区域：R1、R2 原材料的采购提前期为一个季度；R3、R4 原材料的采购提前期为两个季度，因此 R3、R4 原材料有一个季度为在途原材料，在"在途原材料"区域列示。

原材料库区域：分别按照原材料品种列示，用于存放 R1、R2、R3 和 R4 原材料，每个价值 1M。

产成品区域：分别按照产品品种列示，用于存放 P1、P2、P3、P4 产成品。

产品订单区域：分别按照 P1、P2、P3、P4 产成品的品种列示，用于放置企业取得的产品订单。

2.1.3　生产中心

在盘面上，生产中心（图 2 - 3）主要由厂房、生产线、产品标识和价值区构成。

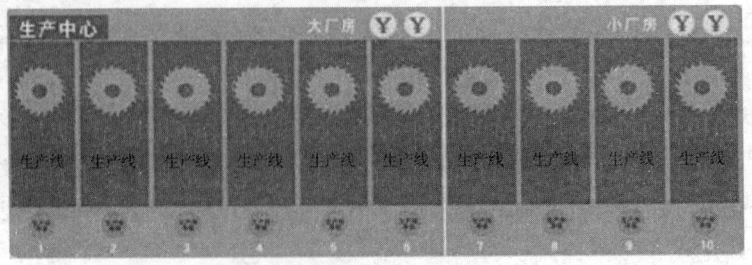

图 2 - 3　生产中心

厂房：沙盘盘面上设计了大、小两种厂房，大厂房内可以安装 6 条生产线；小厂房内可以安装 4 条生产线。厂房的上方为其价值区，以"￥"表示，若厂房为企业所有，将厂房相应的价值放置在价值区。

生产线：生产线的种类有手工生产线、半自动生产线、全自动生产线、柔性生产线，不同生产线生产效率及灵活性不同。企业拥有哪种生产线就将其放置在"生产线"标识上，将生产线相应的价值放置在生产线价值区。

产品标识：企业研发后可生产的产品有 4 种，分别为 P1、P2、P3、P4 产品，生产线生产哪种产品就将其产品标识放置在对应生产线下方。

2.1.4　财务中心

在盘面上财务中心（图 2-4）涵盖的内容更为广泛，分为 4 个区域：费用区域、贷款区域、现金区域、应收应付款项区域。

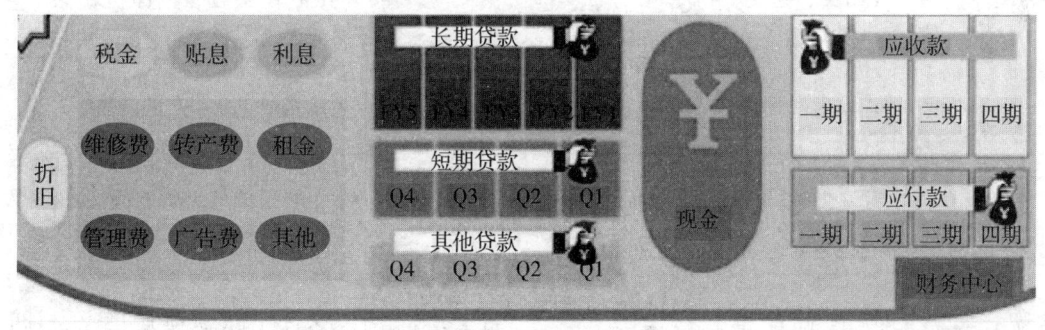

图 2-4　财务中心

费用区域：主要包括折旧、税费、贴息、利息、维护费、转产费、租金、管理费、广告费和其他企业经营期间发生的各项费用。当企业发生上述费用时，财务总监将代表现金的同等金额的灰币放置在对应的费用标识处。

贷款区域：用于体现企业的贷款情况，主要包括长期贷款、短期贷款和其他贷款（高利贷）。企业贷款的金额是 20M（one million，1M）的整数倍。企业发生贷款时，按照贷款的性质，将代表贷款的空桶放置在相应位置上。长期贷款按年分期，最长为 5 年；短期单款和其他贷款按季度分期，最长为 4 期（1 年）。

现金区域：用于存放现金，现金用灰币表示，每个价值 1M。

应收应付款项区域：用于列示企业的应收、应付款项，将装有现金的桶放置在相应位置上代表账款金额，按照季度分为 4 个账期，距离现金区域越近代表账期越短。

表 2-1 列示了沙盘教具的具体使用说明。

表 2 – 1　　　　　　　　　　　　　　沙盘教具说明

职能中心	主要职能	所需道具	简要说明
营销与规划中心（战略规划和营销规划）	市场开拓规划	五类市场标识牌：本地市场、区域市场、国内市场、亚洲市场、国际市场	供企业选择可以开发的市场，开拓完成后换取相应的市场准入证
	产品研发规划	四种产品生产资格证标识牌：P1、P2、P3、P4	供企业选择可以研发的产品，研发完成后换取相应的生产资格证
	ISO 认证规则	两种国际认证标识牌：ISO9000 质量认证和 ISO14000 环境认证	供企业选择可以获得的国际认证，认证完成后换取相应的 ISO 资格证
生产中心（生产组织）	厂房规划	两类厂房：大厂房和小厂房；大厂房内可建 6 条生产线，小厂房内可建 4 条生产线	可租、可购买、可变卖；已购买厂房的价值摆放在厂房区域的右上角
	生产线规划（购买、变卖、折旧）	四种生产线：手工、半自动、全自动和柔性生产线	不同的生产线生产效率及灵活性不同；已购买设备的净值在"生产线净值"处显示
	产品生产规划	四种产品标识牌：P1、P2、P3、P4	表示企业正在生产的产品
物流中心（采购管理和库存管理）	原材料采购规划	四种原材料彩币：R1、R2、R3、R4	一个彩币价值 1M，订购的材料入库同时需要财务支付一个灰币
	原材料订单规划	原材料有提前期：R1、R2 提前 1 个季度，R3、R4 提前 2 个季度，订单用空桶表示	购买材料需要提前下订单，下订单后不允许取消
	原材料库存规划	盘面设有 4 个材料库，分别放置 R1、R2、R3、R4 原料	
	产成品库存规划	盘面设有 4 个产成品库，分别放置 P1、P2、P3、P4 产品	
财务中心（会计核算和财务管理）	现金管理	设有现金库，用来存放现金	1 个灰币代表 1M
	银行贷款管理	把代表相应金额的空桶放置在不同期限的贷款区域	长期贷款按年：2 ~ 5 年；短期贷款按季度：1 ~ 4 季度
	应收账款管理	把装有相应数量现金的桶放置在代表不同期限的应收账款区域	应收账款分账期：1 ~ 4 季度
	综合费用管理	将发生的费用放到相应区域	广告费、利息、税费、折旧、管理费用、维护费等

2.2　沙盘初始设置

　　企业的经营成果和财务状况可以通过企业的利润表和资产负债表予以体现。在 ERP 沙盘模拟实训课程中，根据课程设计所涉及业务对利润表和资产负债表中的项目进行了适当的简化，模拟公司的初始状态见表 2-2 和表 2-3。

表 2-2　　　　　　　　　　　　　　利润表

项　目	上年数
销售收入	35
直接成本	12
毛利	23
综合费用	11
折旧前利润	12
折旧	4
支付利息前利润	8
财务费用	4
税前利润	4
所得税	1
净利润	3

表 2-3　　　　　　　　　　　　　　资产负债表

资　产	期末数	负债和所有者权益	期末数
流动资产：		负债：	
现金	30	长期负债	40
应收款	15	短期负债	
在制品	8	应付账款	

续表

资　产	期末数	负债和所有者权益	期末数
成品	6	应交税金	1
原料	3	一年内到期的长期负债	
流动资产合计	62	负债合计	41
固定资产：		所有者权益：	
土地和建筑	40	股东资本	60
机器与设备	13	利润留存	11
在建工程		年度净利	3
固定资产合计	53	所有者权益合计	74
资产总计	115	负债和所有者权益总计	115

在引导学生进行起始年操作之前，要按照模拟企业的实际情况将教具摆放在盘面之上。所有的流动资产在盘面上都用塑料币表示，具体为：灰色币 M 代表资金，一个 M 币价值 100 万元。彩色币代表原材料，红、黄、蓝、绿分别代表 R1、R2、R3、R4 四种原材料，每个原材料价值 1M。产品由原材料和加工费构成，以灰币和彩币的组合表示产品或在产品，如 P1 产品 = R1 + 1M，其他产品构成后面会详细介绍。为了防止盘面混乱，所有的塑料币操作都放在空桶中进行，一个桶最多可容纳 20 个塑料币。不放塑料币的空桶可代表 1 个原材料订单或者 20M 的贷款，见图 2 - 5。

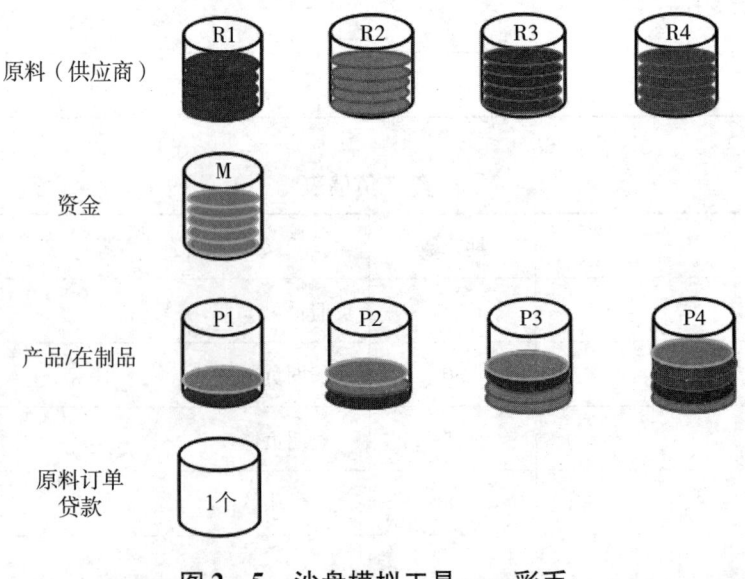

原料（供应商）　R1　R2　R3　R4

资金　M

产品/在制品　P1　P2　P3　P4

原料订单 贷款　1个

图 2 - 5　沙盘模拟工具——彩币

2.2.1　初始状态设定——生产中心

该模拟企业拥有一个大厂房，价值 40M，在两个空桶中各放入 20 个币，摆放在大厂房价值的位置上，对应资产负债表上的"土地和建筑"项目，金额为 40。

企业拥有 3 条手工线和 1 条半自动生产线，将 3 条手工线和 1 条半自动线卡片摆放在第 1 ~ 4 条生产线的位置上。手工线的价值为 3M，半自动生产线价值为 4M，在空桶中分别放入 3、3、3、4 个币，放置在四条生产线净值的位置，对应资产负债表上的"机器与设备"项目，金额为 13。

将一个灰色币和一个红色币放在一个空桶中，灰色币代表 1M 的人工费，红色币代表价值 1M 的 R1 原材料，这两个币放在一起代表一个 P1 在产品，摆放在第一条手工线 1Q 位置上。同理，将 3 个 P1 在产品分别摆放在第二条手工线的 2Q、第三条手工线的 3Q 以及半自动线的 1Q 位置上。每个 P1 在产品价值为 2M，4 个 P1 在产品的价值为 8M，对应资产负债表上的"在制品"项目，金额为 8。

初始设置完成后的生产中心见图 2 - 6。

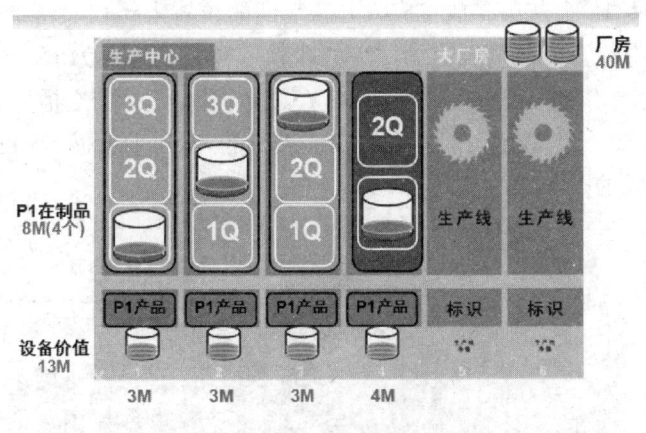

图 2 - 6　生产中心

2.2.2　初始状态设定——物流中心

将两个空桶摆放在 R1 订单的位置上，代表两个 R1 原材料的订单，是与供应商签订的合同，并不影响企业的资产负债，不体现在资产负债表上。

将 3 个红色币摆放在 R1 原材料库中，代表 3 个 R1 原材料，每个原材料价值为 1M，对应资产负债表上的"原料"项目，金额为 3。

分别将三个桶中放入一枚灰色币和一枚红色币，代表 3 个 P1 产成品，摆放在 P1 产品库中，对应资产负债表上的"成品"项目，金额为 6。

初始设置完成后的物流中心见图 2 - 7。

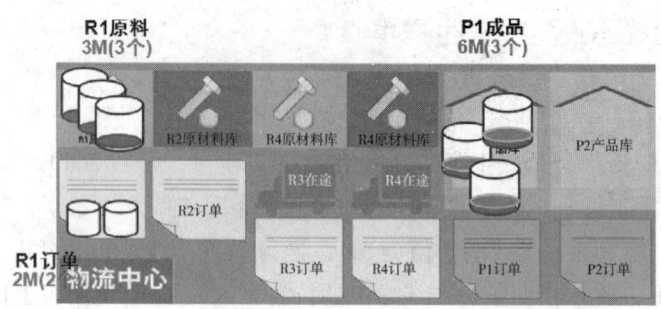

图 2 - 7　物流中心

2.2.3　初始状态设定——财务中心

在两个桶中放入 30 个灰币，放在现金位置上，代表 30M 现金，对应资产负债表上的"现金"项目，金额为 30。

在一个桶中放入 15 个灰币，放在应收账款三期的位置上，代表着价值为 15M、账期为三期的应收账款，对应资产负债表上的"应收账款"项目，金额为 15。

将两个空桶分别摆放在长期贷款 FY4 和 FY5 的位置上，每个空桶代表 20M 贷款，代表 4 年期、5 年期的 20M 长期贷款，对应资产负债表上的"长期负债"项目，金额为 40。

初始设置完成后的财务中心见图 2 - 8。

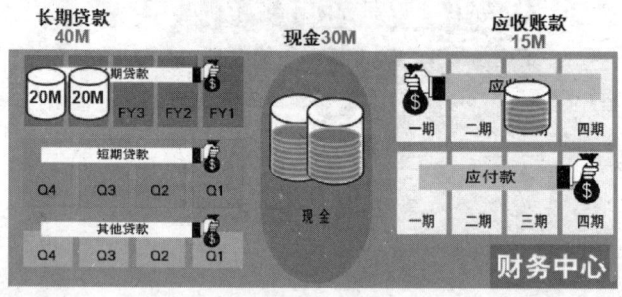

图 2 - 8　财务中心

2.2.4　初始状态设定——营销与规划中心

该企业已经拥有了 P1 产品的生产资格，将 P1 的生产资格卡片摆放在相应位置。企业已经拥有了本地市场，将"本地市场准入"卡片摆放在相应位置。初始设置完成后的财务中心见图 2 - 9。

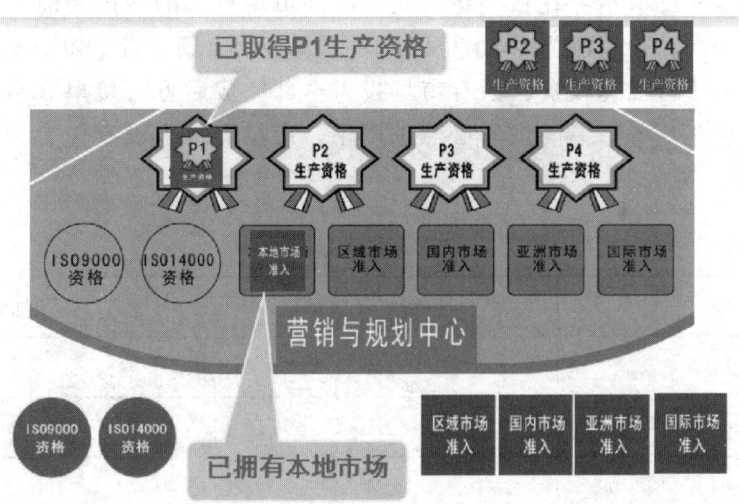

图 2-9 营销与规划中心

2.3 ERP 实物沙盘模拟规则

ERP 沙盘对企业的内外部环境与经营过程进行了模拟,为了便于掌握与应用将其简化,提炼为一系列规则,难免与企业的复杂情况有一定差异。学习规则比较枯燥,但却是必需的,只有懂得规则,才能游刃有余,避免由于规则不熟导致的失误。

2.3.1 市场划分与市场准入

企业目前拥有本地市场,待开拓的新市场包括区域、国内、亚洲、国际市场,见图 2-10。

图 2-10 市场划分

在实际业务中,开拓一个新市场是很复杂的,需要进行很多工作,如前期市场调研、工商税务登记、租办公室、购买办公用品、招募人员等。在沙盘训练中,所有这些活动被简化成两件事情：花钱、花时间。不同市场投入的费用及时间不同，市场开拓每年只进行一次，投资额为 1M，可以同时开发多个市场。资金短缺时，可随时中断或终止投入，但不可加速投资，只有市场投入全部完成后方可接单。市场开发费用计入当年的综合费用。各市场间没有必然的联系，市场需求也没有包含关系。市场准入规则见表 2 – 4。

表 2 – 4　　　　　　　　　　　　市场准入规则

市场	开拓费用（总额）	持续时间（年）
区域	1M	1
国内	2M	2
亚洲	3M	3
国际	4M	4

2.3.2　销售会议与订单争取

每年初各企业的销售经理与客户见面并召开销售会议，根据市场地位、产品广告投入、市场广告投入和市场需求及竞争态势，按顺序由各组的营销总监 CSO 选择订单。

首先，由上年该市场的销售额大小决定市场领导者（市场老大），并由其最先选择订单。其次，按该市场该产品的广告投入量的多少，依次选择订单；若在同一市场、同一产品上有多家企业的广告投入相同，则按该市场上全部产品的广告投入量决定选单顺序；若市场的广告投入量也相同，则按上年该市场销售额排名决定顺序；若再相同，通过招标方式选择订单。

在某个市场上所有产品的销售额合计最高，且订单正常交货，未出现违约的小组即为该市场的市场老大。市场老大下一年只要在该市场上投入大于等于 1M 的广告费，即可以优先选单，从而极大地提高了广告费的使用效率。

当所有投入广告费的小组选一轮后仍有订单，可以继续选单。投入广告费的金额与可选订单的最大数量具有一定的关系。如果投入 1M 广告费最多可选择一张订单；投入 3M 广告费最多可选择两张订单；投入 5M 广告费最多可选择三张订单。以此类推，可选择订单的最大数量 N≤（广告费 +1）/2。

选单的操作案例见图 2 – 11。

各个市场的产品数量是有限的，并非打广告一定得到订单，清楚分析"市场预测"且"商业间谍"得力的企业一定占据优势。

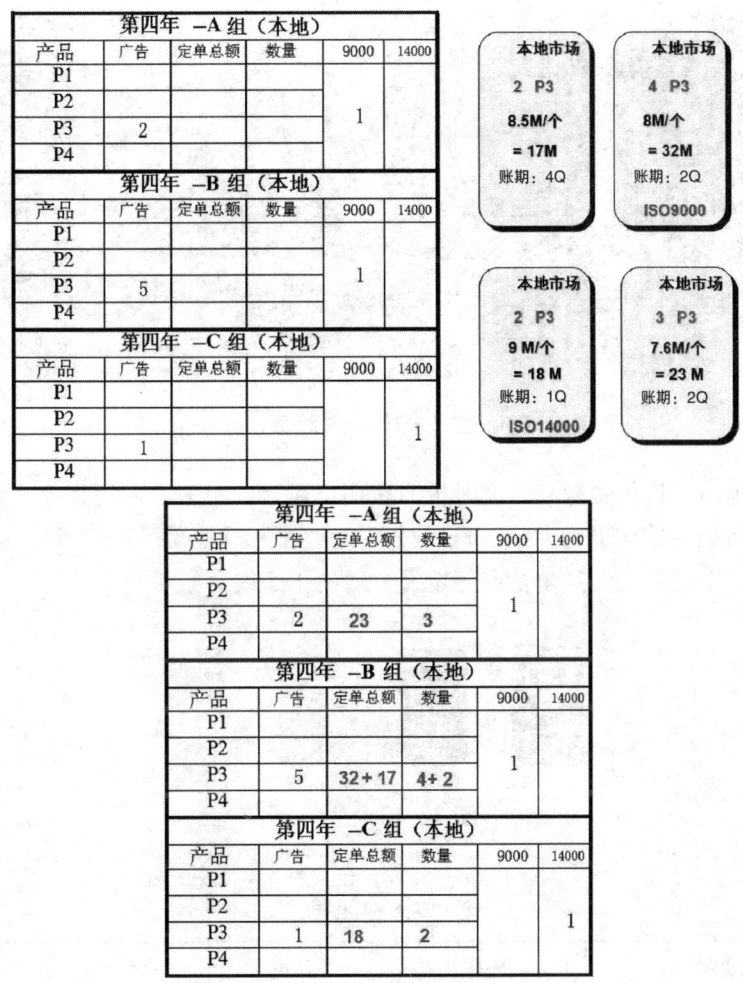

图 2-11　市场订单的实际操作

2.3.3　厂房的购买、租赁与出售

盘面提供了两个厂房（图 2-12），大厂房价值 40M，租赁租金 5M/年，可以放 6 条生产线；小厂房价值 30M，租赁租金 3M/年，可以放 4 条生产线。购买后将购买所需资金放在厂房价值处，厂房不提折旧，出售厂房计入 4Q 应收款，若要马上收回现金需进行应收账款贴现。

2.3.4　生产线购买、转产与维护、出售

生产线类型分为四种（图 2-13）：手工线、半自动线、全自动线、柔性线。

每种生产线的购买价、安装周期、生产周期、转产时间、转产成本不同，越高级的生

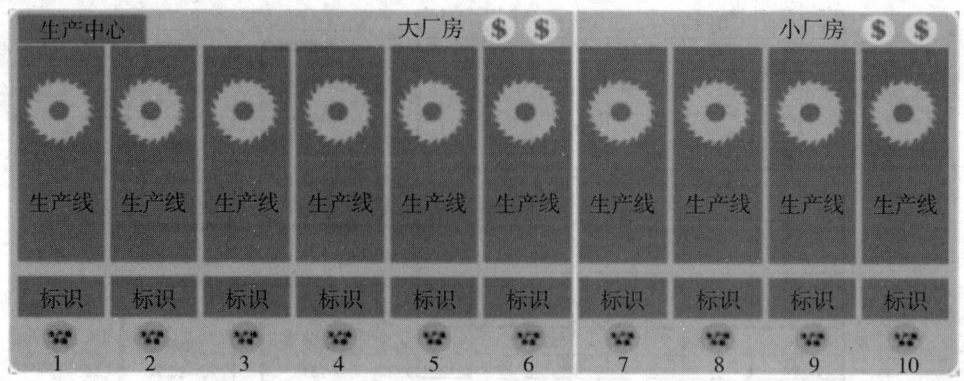

图 2 - 12　生产线

产线生产效率越高，售价也越高，同时折旧费用也越高，见表 2 - 5。柔性线与全自动线生产效率相同，但是柔性线更为灵活，可以按照实际情况随时调整生产产品的品种。企业应根据市场预测、发展战略、竞争情况等选择合适的生产线。

图 2 - 13　生产线

表 2 - 5　　　　　　　　　　　　　生产线类型

	生产线类型	手工	半自动	全自动	柔性
	购买价	5M	8M	16M	24M
	安装周期	无	2Q	4Q	4Q
	生产周期	3Q	2Q	1Q	1Q
	转产时间	无	1Q	2Q	无
	转产成本	无	无	无	无
	维护费	1M/年/条			
折旧	第一年（建成）	—	—	—	—
	第二年	1M	2M	5M	8M
	第三年	1M	2M	3M	5M
	第四年	1M	1M	2M	3M
	第五年	1M	1M	2M	2M
	残值	1M	2M	4M	6M

购买：生产线只能购买，不能转让；投资新生产线时按安装周期平均支付；全部投资到位，经过一个季度安装，下季度可以投产。

转产：半自动和全自动生产线如果想改变生产产品的品种，需要时间与金钱，只有空生产线才能转产，转产期间不能进行生产。

维护：不论何种生产线每年维护费 1M/条。

出售：生产线卖出时只能收回残值，当期清理完毕。

注意：

* 当年建成的生产线不计提折旧；
* 生产线每年提取维修费，在建的生产线不交维修费，但一旦建成，不论是否生产，必须缴纳维修费；
* 生产线一经安装不允许移动位置；
* 有在制品的生产线不允许出售和转产处理；
* 生产线上的格子代表加工工期，所以生产线上只能有一个在制品；
* 生产线投资按照周期平均支付，如半自动生产线购买价 8M，安装周期 2 期，平均每期投资 4M，如果资金短缺投资可以中断，但需要安装两期完成后下期才能上线生产，半自动生产线投资示例见图 2－14。

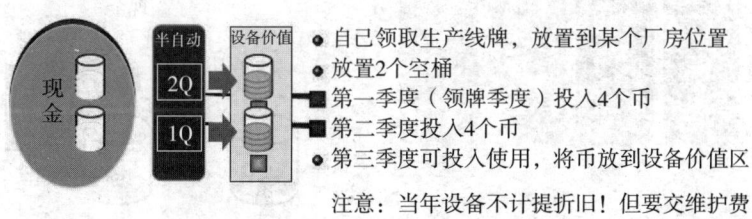

图 2－14　生产线投资实际操作

2.3.5　产品生产与原材料采购

产品生产与原材料采购规则见表 2－6。

表 2－6　　　　　　　　　　产品生产与原材料采购规则

P1 产品	P2 产品	P3 产品	P4 产品
原料：R1	原料：R1 + R2	原料：$2 \times R2 + R3$	原料：$R2 + R3 + 2 \times R4$
原料费：1M	原料费：2M	原料费：3M	原料费：4M
加工费：1M			

采购：根据上季度采购订单进行原料入库，并按规定付款或计入应付款。用空桶表示

原材料订货，将其放在相应的订单位置上，R1、R2 必须提前一个季度订购，R3、R4 必须提前两个季度订购。

生产：开始生产时按产品结构要求将原料放在生产线上并支付加工费，各条生产线生产产品的加工费均为 1M，一个生产线上不能同时生产两个产品。

以全自动生产线上线生产 P2 为例（图 2 – 15 和图 2 – 16），P2 的产品构成为 R1 + R2 + 1M 加工费。首先要保证材料库中有 R1、R2 原材料，将空桶放在全自动线 1Q 的位置上，从 R1 原料库中取一个红币代表 R1，从 R2 原料库中取一个黄币代表 R2，放入空桶中，再从现金中取一个灰币代表加工费，放入桶中，这就形成了一个 P2 的在产品。

注意：

空生产线才能上线生产，一条生产线只能生产一个产品，上线生产必须有原料，否则必须"停工待料"。

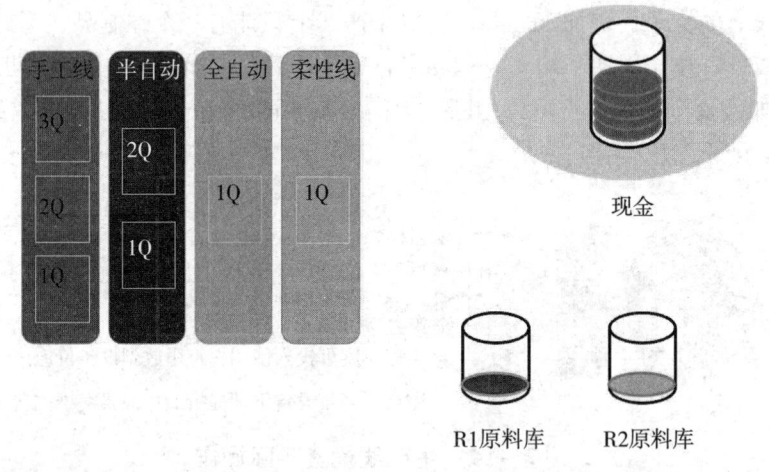

图 2 – 15　上线生产前

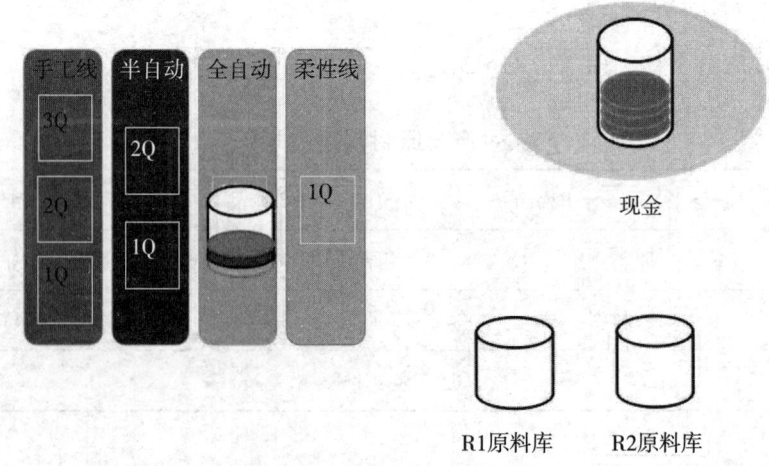

图 2 – 16　上线生产

2.3.6　产品研发

产品研发规则见表 2-7。

表 2-7　　　　　　　　　　　　　　　产品研发投资

产品	P2	P3	P4
时间	6Q	6Q	6Q
投资	1M/Q	2M/Q	3M/Q
总投资	6M	12M	18M

产品研发需要按季度投入时间与金钱，这三种产品的研发周期均为 6 个季度，每个季度的投资不同，越高级的产品研发费用越高，研发过程可以中断，必须投足 6 个季度后才能获得该种产品的生产资格。投资费用计入当年的综合费用。实际企业在研发产品的过程中可能会失败，规则中假设投资后一定能研发成功。

2.3.7　ISO 认证

ERP 沙盘模拟的 ISO 认证包括两种：ISO9000 和 ISO14000，在后几年高级产品或者高级市场上部分订单对此有一定的要求，必须具有认证资格才能承接此类订单。

ISO9000 质量管理体系是国际标准化组织（International Organization for Standardization，ISO）制定的国际标准之一，于 1994 年提出，是指 "由 ISO/TC176（国际标准化组织质量管理和质量保证技术委员会）制定的所有国际标准"。ISO9000 不是指一个标准，而是一组标准的统称。该标准可帮助组织实施并有效运行质量管理体系，是质量管理体系通用的要求和指南。我国在 20 世纪 90 年代将 ISO9000 系列标准转化为国家标准，随后各行业也将ISO9000 系列标准转化为行业标准。

ISO14000 环境管理系列标准是国际标准化组织（ISO）继 ISO9000 标准之后推出的又一个管理标准。该标准是由 ISO/TC207 的环境管理技术委员会制定，有 14001 到 14100 共100 个号，统称为 ISO14000 系列标准。该系列标准融合了世界上许多发达国家在环境管理方面的经验，是一种完整的、操作性很强的体系标准，包括为制定、实施、实现、评审和保持环境方针所需的组织结构、策划活动、职责、惯例、程序过程和资源。其中 ISO14001是环境管理体系标准的主干标准，它是企业建立和实施环境管理体系并通过认证的依据ISO14000 环境管理体系的国际标准，目的是规范企业和社会团体等所有组织的环境行为，以达到节省资源、减少环境污染、改善环境质量、促进经济持续、健康发展的目的。ISO14000 系列标准的用户是全球商业、工业、政府、非营利性组织和其他用户，其目的是用来约束组织的环境行为，达到持续改善的目的，与 ISO9000 系列标准一样，对消除非关税贸易壁垒即 "绿色壁垒"，促进世界贸易具有重大作用。

　　ISO 资格认证需要花费时间与金钱（见表 2 - 8），两项认证投资可同时进行或延期，投资每年年底进行，相应投资完成后领取 ISO 资格证，认证投资计入当年综合费用。

表 2 - 8　　　　　　　　　　　　　　　　　ISO 认证

认证类型	ISO9000	ISO14000
时间（年）	2	3
投资（M/年）	1	1
总投资（M）	2	3

2.3.8　融资贷款与资金贴现

　　企业在经营的过程中需要通过各种方式进行贷款融资，包括长期贷款、短期贷款、高利贷，在资金短缺时还可通过将应收账款进行贴现获取资金，见表 2 - 9。

表 2 - 9　　　　　　　　　　　　　　融资贷款类型

贷款类型	贷款时间	贷款额度	年息	还款方式
长期贷款	每年年初	权益的 2 倍 - 已贷长期贷款	10%	年初付息，到期还本
短期贷款	每季度初	权益的 2 倍 - 已贷短期贷款	5%	到期一次还本、付息
高利贷	每季度初	已有 + 新增≤40M	20%	到期一次还本、付息
资金贴现	随时	视应收款额	1:7	贴现时支付贴现息

　　长期贷款最长期限为 5 年，短期贷款及高利贷最长期限为 1 年，不足 1 年的按 1 年计息。长期贷款每年支付利息，到期偿还本金，短期贷款到期时还本付息。由于在实物沙盘中贷款使用空桶表示，每个空桶代表 20M 贷款，因此贷款只能是 20 的倍数。长短期贷款及高利贷的贷款利息放在盘面财务中心"利息"区域，计入利润表中"财务费用"项目。短期贷款融资成本最低，但是由于贷款时间较短，还款压力较大。长、短期贷款额度可以采用分模式或者和模式。分模式按照上年末所有者权益分别确定长、短期贷款额度，表 2 - 9 中贷款额度就采用了这种方法。和模式按照上年末所有者权益计算长、短期贷款总的额度，各小组可以合理安排其比例。具体采用何种方式可以由教师根据实际情况自行确定。

　　当企业所有者权益下降到一定程度时，可能导致没有长、短期贷款额度，迫不得已可以采取高利贷和应收账款贴现的方式，二者的融资成本都很高。长、短期贷款及高利贷在贷款时都有具体的时点要求，如长期贷款的贷款时间为每年年初，如果错过此时点，全年不可申请长期贷款。而资金贴现可以随时进行，更为灵活，以帮助企业解决燃眉之急。应收账款的账期可能为 1 ~ 4 期，如果将 1 期的应收账款进行贴现，在贴现时每贴现 8M，只能收到 7M 的现金，1M 放到财务中心的"贴息"处，计入利润表中"财务费用"项目，即 1 期应收账款的贴现成本为 12.5%，融资成本折算为年利率将高达 50%。教师可以按照应收账款的账期分别确定贴现率。

CFO 应进行现金流预测，根据企业的融资能力合理安排各种投资计划及生产，尽量避免高利贷及资金贴现。在具体操作中经常出现模拟企业息税前利润比较理想，但是由于融资方式不合理，财务费用很高，导致净利润所剩无几。

2.3.9　综合费用与折旧、税金

综合费用与折旧、税金见图 2 - 17。

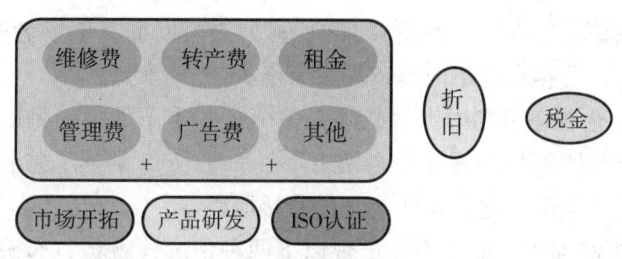

图 2 - 17　综合费用与折旧、税金

这几部分费用期末列示在综合费用表、利润表及资产负债表中。

（1）综合费用表。按照盘面上"财务中心"区域的维护费、转产费、租金、管理费、广告费、其他项目，加上"营销与规划中心"区域的市场开拓、产品研发、ISO 认证项目，通过盘点灰币的方式予以确认。

维护费：生产线每年提取维修费，在建的生产线不交维修费，但一旦建成，不论是否生产，必须缴纳维修费，每年年底缴纳，每条生产线 1M。

转产费：如果改变半自动或全自动生产线生产产品的品种，有时规则中会规定除了转产时间还需支付转产费。

租金：租赁大、小厂房需支付租金，大厂房 5M/年，小厂房 3M/年。

管理费：相当于管理费用，不论企业规模每个季度末支付一次，每次 1M，全年管理费合计 4M。

广告费：每年各小组为了竞单投入广告费，从现金区域取出对应灰币放置在广告费区域。

其他：两种情况会产生其他费用。当企业将尚未提足折旧的设备进行出售时，只能收回残值，将设备价值中残值部分放入"现金"区域，剩余部分放入"其他费用"区域；当企业无法按时完成订单，会产生违约金，违约金为订单金额的 20%，向上取整，将相应的现金从"现金"区域取出放在"其他费用"区域。二者计入当年综合费用，抵减利润。

（2）折旧。折旧费列示在利润表上，生产线建成当年不提折旧，生产线减少当年照提折旧。按照规则简表计算每种生产线当年应计提的折旧额，手工线残值为 1M，2 ~ 5 年每年计提 1M 折旧；半自动线残值为 2M，第 2、第 3 年每年计提 2M 折旧，第 4、第 5 年每年提取 1M 折旧；全自动线残值为 4M，2 ~ 5 年每年计提的折旧分别为 5、3、2、2；柔性线残值为 6M，2 ~ 5 年每年计提的折旧分别为 8、5、3、2。将折旧对应金额从生产线价值的桶中取出，放在"折旧"区域。

（3）税金。这里的税金指当期缴纳的所得税税金。企业当年形成税前利润时，按照25％计提企业所得税，出现小数时，向下取整，借记"所得税费用"，贷记"应交税金"科目，当年暂不缴纳；下年年初缴纳，借记"应交税金"，贷记"现金"。

2.3.10　罚款及破产规则

（1）罚款。营销总监选单时要精确计算企业产能，交货时必须按照订单数量整单交货。由于企业产能不足或其他原因导致本年不能交货，企业应受到以下处罚：按照订单的20％缴纳违约金，向上取整，计入综合费用"其他"；如果当期拥有市场老大的小组发生违约，则丧失市场老大地位，下年在选单时该市场没有老大。

（2）破产规则。企业在市场中生存必须具备两个基本条件：一是以收抵支；二是到期还债。因此，企业生存所面临的威胁来自两方面：一是长期亏损，这是企业终止的内在原因；二是不能偿还到期债务，这是企业终止的直接原因。

在 ERP 沙盘模拟实训中，如果企业出现以下两种情况，就将宣布破产：资不抵债，如果企业所取得的收入不足以弥补其支出，亏损严重，导致资产负债表日净资产为负时，企业破产；现金断流，如果企业没有足够的现金偿还债务、支付必要的费用，经营无法进行，企业破产。

在模拟经营中，一旦破产条件成立，指导教师应宣告该企业破产。为了不影响实训课程的正常进行，指导教师可视情况对其适当增资后允许继续经营。为了确保破产企业不过多影响其他企业正常经营，限制破产企业每年投放广告总数不能超过6M，破产企业不参加有效排名。

2.3.11　模拟经营成绩计算规则

模拟经营结束时，根据各模拟企业最后年度（结束年）的所有者权益、生产能力、资源状态等进行综合评分，评价各企业的经营成果。综合评分以最后年度的所有者权益数为基数，以生产能力、资源状态等为综合发展潜力系数计算而得。计算公式为：

$$综合评分 = 结束年所有者权益 \times (1 + 综合发展潜力系数/100) - 扣分$$

综合发展潜力系数包含下列项目，见表 2 – 10。

表 2 – 10　　　　　　　　　综合发展潜力系数

项　　目	综合发展潜力系数
大厂房	+15
小厂房	+10
手工生产线	+5/条
半自动生产线	+10/条
全自动/柔性生产线	+15/条

续表

项　目	综合发展潜力系数
区域市场开发	+10
国内市场开发	+15
亚洲市场开发	+20
国际市场开发	+25
ISO9000	+10
ISO14000	+10
P2 产品开发	+10
P3 产品开发	+10
P4 产品开发	+15
本地市场地位	+15/最后一年市场第一
区域市场地位	+15/最后一年市场第一
国内市场地位	+15/最后一年市场第一
亚洲市场地位	+15/最后一年市场第一
国际市场地位	+15/最后一年市场第一

扣分项目的确定及扣减分值可由指导教师视情况而定，一般扣分项目包括：

（1）迟交报表和报表错误。未按规定时间提交报表，迟交 1～10 分钟内罚 1 分/分钟；迟交 10～15 分钟内罚 2 分/分钟；15 分钟之后，由指导教师强行平账，另外加扣报表错误罚分 20 分。

（2）账实不符。沙盘盘面与所提交报表不符的，扣 2 分/项。

（3）违规操作。没有按照规定的流程顺序进行运作，扣 5 分/次；违反规则运行，如新建生产线没有执行规定的安装周期建设、没有按照标准的生产周期进行生产等，扣 10 分/次。不如实填写运营流程表和其他表单，视情节轻重扣减 5～10 分/次。

（4）借高利贷。每桶（20M）扣 15 分。

2.4　ERP 沙盘模拟流程

运营流程表（表 2－11）代表了企业简化的工作流程。4 列方格代表一年的 4 个季度，流程表的操作顺序是由上而下、由左至右。企业在竞争模拟中必须遵守相应顺序执行各项工作，不能随意更换先后顺序，否则会违反规则，也可能造成操作失误。如个别小组因为资金紧张，在执行到"原材料入库"时没有充足的资金支付货款，就提前收回应收账款，之后再返回原位，这样易造成数据、账期计算错误，一旦被发现，要扣除相应分数。

　　CEO 对此表负责，监督其他人员严格按照流程表顺序执行，完成相应盘面操作后，CEO 填列运营流程表。在填列表格时，现金收支以数字表示，现金收入用正数表示，支出用负数表示，不涉及现金时，已经执行的流程用"√"表示，未执行的流程用"×"表示。

表 2 - 11　　　　　　　　　　　　运营流程

年度规划（年初现金）				
应收账款贴现（贴现得/贴现息）				
参加订货会/登记销售订单/支付广告费				
更新长期贷款/归还长贷本金/支付长贷利息				
申请新长期贷款				
支付应付税				
季初现金盘点（请填余额）				
更新短期贷款/还本付息				
申请短期贷款				
更新高利贷/还本付息				
申请新高利贷				
出售厂房/购买厂房/支付厂房租金				
应收账款贴现（贴现得/贴现息）				
原材料入库/更新原料订单				
下原料订单				
更新生产/完工入库				
投资新生产线/变卖生产线/生产线转产				
开始下一批生产				
现金余额				
更新应收款/应收款收现				
按订单交货（"订单登记表"同步记录交货季）				
应收账款贴现（贴现得/贴现息）				
产品研发投资/领取生产许可				

续表

支付行政管理费				
支付设备维护费				
订单违约罚金				
计提折旧				
新市场开拓/领取市场准入				
ISO 认证投资/领取 ISO 资格				
结账				
现金收入合计				
现金支出合计				
期末现金对账（请填余额）				

2.4.1　"现金盘点"项目

　　运营流程表在季初、季末都设计了"现金盘点"项目，主要目的是为了及时地将流程表中现金额与盘面现金进行账实核对，发现不符可以将范围控制在当期内，尽快发现问题所在。实训中个别小组在现金盘点时流于形式，全年业务结束才发现表中现金额与盘面现金不符，只能将全年的业务进行核对，甚至需要重新推盘，工作量很大，浪费时间。期末报表不平的一个重要原因是现金在操作过程中出现问题，例如，1 个 R1 原材料入库操作，CEO 在流程表中记录了现金减少 1M，采购总监将原材料放入原料库中，而财务人员并没有将现金从盘面中拿走，这就导致了现金的盘面数量比流程表多 1M，在期末编制报表时必然会出现报表不平的情况。

2.4.2　"贴现得/贴现息"项目

　　流程表在多个现金支出点之前设计了"贴现得/贴现息"项目，企业在面临现金短缺时可以随时贴现应收账款，"贴现得"是指应收账款贴现时获得的现金，"贴现息"是指应收账款贴现时应支付的利息。在盘面操作时，贴现时将贴现的应收账款取出，如贴现息为 1 : 7 时，计算应支付的利息，向上取整，将利息从应收账款中取出放置在财务中心"贴息"区域，将剩余应收账款放置在"现金"区域。例如，将应收账款 16M 进行贴现，收回现金 14M，贴息为 2M；若应收账款贴现不是 8 的倍数，假设应收账款贴现 18M，那么利息为 2.25M，向上取整利息为 3M，收回现金 15M。在贴现时最好以 8 的倍数贴现，可以降低财务费用。

2.5　起始年操作流程

为了使学员更好地理解规则，掌握盘面操作及报表编制，正式模拟经营前指导教师带领学员进行起始年操作。各组应跟随教师按照步骤一步步进行操作，起始年的操作是完全一致的。

为了给各组留出更多自我决策的空间，起始年并没有进行关键性投资。起始年运营不进行任何贷款，不投资新的生产线，不进行产品研发，不购买新厂房，不开拓新市场，不进行 ISO 认证，未进行应收账款贴现，涉及以上步骤全部省略；每季度订购一个 R1 原料；生产线未进行变更，生产持续进行。

每年完整流程包括年初 6 项工作，按季度执行 21 项工作，年末 6 项工作，其中年初与年末的工作是全年一次性的，而其他 21 项工作则每季度重复执行。

2.5.1　年初工作

（1）年度规划（年初现金）。新的一年开始之际，各组要制定企业战略，做出经营规划、设备投资规划、营销规划等方案。通过编制现金预算，确定资金短缺额及需求时点。如果各项计划无法获得充足的资金支持，则需对其进行调整。这个步骤在起始年被简化，在今后的自主经营中是非常重要的一个环节，决定了企业未来的发展方向。各组在此处填列年初的现金额 "30"。

（2）应收账款贴现（贴现得/贴现息）。企业在资金不足时可以随时进行应收账款贴现，起始年未贴现，CEO 在流程表填写 "×"。

（3）参加订货会/登记销售订单/支付广告费。营销总监根据企业营销规划投广告费，然后在教师的引导下进行选单，并根据选单情况填写订单登记表。起始年假设每个公司投放了 1M 本地市场 P1 的广告费，获得了一张价值 32M 的 6 个 P1 的产品订单，CFO 从现金区域取出 1M 放置在"广告费区域"，CEO 在流程表填写 " - 1"，代表支付现金 1M。按照订单的金额、数量填写订单登记表，并在交货时计算成本和毛利，P1 单位成本为 2M，6 个 P1 成本为 12M，毛利为 32 - 12 = 20M，见图 2 - 18。

（4）更新长期贷款/归还长贷本金/支付长贷利息。如果企业有长期贷款，CFO 将空桶向现金区域移动一格，代表 1 年，移至现金区域时，表示长期贷款到期。起始年年初 CFO 将财务中心位于 4FY 和 5FY 各 20M 的长期贷款更新到 3FY 和 4FY，长期贷款尚未到期，无须归还。

上年度的长期贷款金额为 40M，年利率为 10%，利息为 4M。CFO 从现金区域取出 4M 放置在财务中心"利息"区域，CEO 在流程表上填写 " - 4"，代表支付利息 4M。

（5）申请长期贷款。长期贷款只有在每年年初可以申请，各组应事先编制现金预算，以免错过融资机会。起始年未申请长期贷款，CEO 在流程表上填写 "×"。

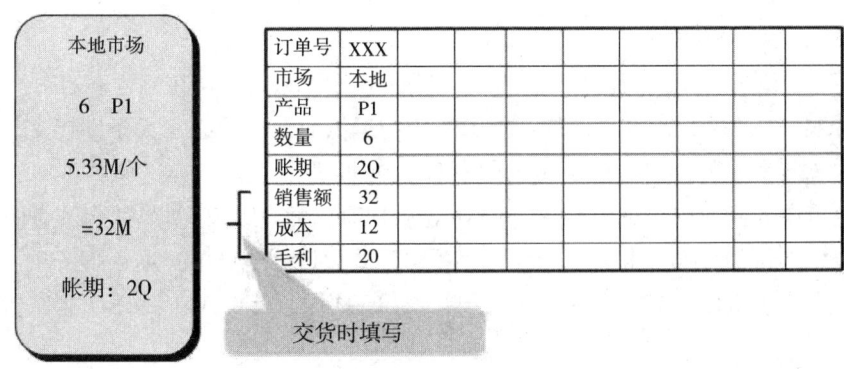

图 2 - 18　订单及订单登记

（6）支付应付税。依法纳税是每个企业及公民的义务。去年计提的所得税费用为 1M，当时计入了"应交税金"，年初交纳。由 CFO 从现金区取出 1M 放置在财务中心"税金"区域，CEO 在流程表上填写"－1"，代表支付税金 1M。

2.5.2　每季度 21 项工作

各季度的工作需要重复执行，由各组 CEO 参照上述流程表各季度操作项目内容，由上至下依次指挥组员执行四次，具体内容如下。

（1）季初现金盘点（请填余额）。CFO 盘点目前现金库中的现金，并记录现金金额。年初现金 30，减去各种费用，包括 1M 广告费，4M 长贷利息，1M 税金，季初现金应为 24M。

（2）更新短期贷款/还本付息。如果企业有短期贷款，请 CFO 将空桶向现金库方向移动一格，代表一个季度。移至现金库时，表示短期贷款到期。短期贷款的还款规则是利随本清，到期时每桶需要支付 20M×5%＝1M 利息，因此一桶贷款还款时本金与利息共计 21M。目前公司没有短期贷款，CFO 在流程表填写"×"。

（3）申请短期贷款。每个季度企业可以申请短期贷款，贷款金额为 20 的倍数。公司起始年没有申请短期贷款，CEO 在流程表填写"×"。

（4）更新高利贷/还本付息。如果企业有高利贷，请 CEO 将空桶向现金库方向移动一格，代表一个季度。移至现金库时，表示高利贷到期。高利贷的还款规则是利随本清，到期时每桶需要支付 20M×20%＝4M 利息，因此一桶贷款还款时本金与利息共计 24M。目前公司没有高利贷，CEO 在流程表填写"×"。

（5）申请新高利贷。企业可以随时申请高利贷，贷款金额为 20 的倍数，贷款额度为 40M。公司起始年没有申请高利贷，CEO 在流程表填写"×"。

（6）出售厂房/购买厂房/支付厂房租金。资金不足时可以出售厂房，厂房按购买价值出售，得到的是 4 个账期的应收账款，企业起始年未出售厂房。厂房可买可租，实物沙盘最多可以拥有两个厂房，包括一个大厂房，可以放置 6 条生产线；一个小厂房，可以放置 4

条生产线。大厂房购买价 40M，租金 5M；小厂房购买价 30M，租金 3M。起始年未进行相应操作，CEO 在流程表填写"×"。

（7）应收账款贴现（贴现得/贴现息）。起始年未贴现，CEO 在流程表填写"×"。

（8）原材料入库/更新原料订单。预定的货物运抵时，企业必须无条件接受货物并支付货款。采购总监将原料订单区的空桶向原料库方向推进一格，当推进原料区时，需将代表原料的彩色币放入到原料区的空桶中，CFO 需从现金区将相应现金支付给供应商，CEO 在流程表中填列支付的金额。起始年上年第四季度下了 2 个 R1 订单，本年第一季度到货，采购总监将 2 个代表 R1 的红色币放入 R1 原料库，CFO 支付 2M 现金，CEO 在流程表上填列"-2"。

（9）下原料订单。采购总监根据年初生产总监编制的生产计划编制采购计划，决定采购原料的品种、数量及时间。每个空桶代表一批原料，将相应数量的空桶放置于对应品种的原料订单处。起始年四个季度各下了 1 个 R1 订单，采购总监将代表原料订单的空桶放置在 R1 的原料订单处，CEO 在流程表上记录"1R1"。

（10）更新生产/完工入库。将生产线的产品向上方推进一个格，推出生产线的产品放置在产成品库存区域。上年底的完工进度分别为 1、2、3、1，第 1 季度推进到 2、3、下线 2，即第 1 季度下线 1 个 P1，后 3 个季度分别下线 2、1、2 个 P1。第 4 季度 3 条手工线和 1 条半自动线产品的完工程度为 2、3、1、1。CEO 在监督生产总监进行相应操作后，在流程表填写"√"。

（11）投资新生产线/变卖生产线/生产线转产。执行到这步时，小组需要考虑是否投资建设新的生产线，是否出售不需要的生产线，是否需要将生产线转产其他产品。起始年企业并未进行相应操作，CEO 在流程表填写"×"。

（12）开始下一批生产。当更新生产/完工入库后，部分生产线产品完工下线，生产线空闲，可以开始生产新产品。起始年一季度第 3 条手工线下线了 1 个 P1，企业继续上线生产 P1。生产总监从原料库取出 1 个 R1，CFO 从现金区域取出 1 个灰色币支付 1M 加工费，两个币放在一起代表 1 个 P1，放置在生产线 1Q 的位置上。CEO 在监督生产总监进行相应操作后，在流程表填写"-1"。

（13）现金余额。每个季度在此流程需进行现金盘点，并与流程表中的账面金额进行核对，如不一致需尽快确定问题产生的原因。起始年一季度现金余额为 21M。

（14）更新应收款/应收款收现。将盘面上所有的应收账款向"现金"区域推动一个格，当推进"现金"区域时代表收回应收账款。企业上年四季度应收账款为 3Q，起始年一季度将其推到 2Q 的位置上，CEO 在监督 CFO 进行相应操作后，在流程表填写"√"，此笔款项将在三季度推入"现金"区域。

（15）按订单交货（"订单登记表"同步记录交货季）。订单必须整单交货，营销总监应检查各成品库中成品数量是否满足订单要求，如满足即可交付产品，并在订单登记表上登记该批产品的成本。按订单交货后，若订单为"零账期"，即可马上收到现金；若订单有账期，则需将订单金额对应的应收账款摆放在相应的账期区域。一季度 P1 产品仓库只有 4 个产品，订单需要 6 个产品，当期不能交货，CEO 在流程表填写"×"。二季度下线 2 个

P1，共有 6 个 P1，可以按订单交货，二季度交货后将 32M 放置在应收账款 2Q 的位置上，代表二期的应收账款。

（16）应收账款贴现（贴现得/贴现息）。起始年未贴现，CEO 在流程表填写"×"。

（17）产品研发投资/领取生产许可。按照年初制订的产品研发计划，营销总监向 CFO 申请研发资金，放置在相应产品生产资格位置。起始年未进行相应操作，CEO 在流程表填写"×"。

（18）支付行政管理费。管理费是企业为了维持运营发放的管理人员工资、必要的差旅费、招待费等。规则中假设不论企业规模大小每季度需支付 1M 行政管理费。CFO 从"现金"区域取出 1M 现金放置在财务中心"管理费"区域，CEO 在流程表上填写"−1"。

（19）现金收入合计。一季度无现金收入，CEO 在流程表中填列"0"，在计算时不包括年初收入。

（20）现金支出合计。一季度现金支出合计为 4M，CEO 在流程表中填列"4"，在计算时不包括年初支出。

（21）期末现金对账（请填余额）。根据季初现金、现金收入、现金支出金额进行计算。季初金额为 24M，现金收入为 0，现金支出为 4M，期末现金应为 24 + 0 − 4 = 20M，进行现金盘点，与账面进行核对，如无问题 CEO 在流程表中填列"20"，并将此金额填列在流程表二季度的季初。

以上起始年第一季度操作项目完成后，依次执行以后 3 个季度的工作。

2.5.3　年末 6 项工作

（1）支付设备维护费。每条生产线需要支付 1M 的维护费。起始年年末企业有 4 条设备，支付 4M 维护费，CFO 从现金区域取出 4M 放置在财务中心"维护费"区域，CEO 在流程表中填列"−4"。

（2）订单违约罚金。如果企业无法按照约定交付订单货物，订单作废，并需支付违约金，金额为订单金额的 20%，向上取整，将相应的现金从"现金"区域取出放在"其他"费用区域。起始年未出现违约，CEO 在流程表填写"×"。

（3）计提折旧。厂房不计提折旧，生产线按照规则简表计提折旧，当年在建及新建成生产线不提折旧。企业现有 3 条手工、1 条半自动生产线，价值分别为 3、3、3、4，根据规则简表每条手工线计提 1M 折旧，半自动生产线计提 1M 折旧。生产总监从代表 4 条生产线价值的桶中各取出 1M，放置在"折旧"区域。计提折旧并未产生现金流量，但需体现在流程表中，CEO 在流程表中填列"（4）"。

（4）新市场开拓/领取市场准入。各小组需要考虑是否进行市场开拓及开拓哪个市场，市场开拓完成后从指导教师处领取相应市场准入证。起始年未进行相应操作，CEO 在流程表填写"×"。

（5）ISO 认证投资/领取 ISO 资格。各小组需要考虑是否进行 ISO 认证投资及投资哪种认证，认证完成后从指导教师处领取 ISO 资格证。起始年未进行相应操作，CEO 在流程表填写"×"。

（6）结账。此时各小组开始结账。教师会安排 10 ~ 15 分钟时间，各组结账并填制财务报表。

起始年操作完成后，运营流程表见表 2 - 12。

表 2 - 12　　　　　　　　起始年运营流程

年度规划（年初现金）	30			
应收账款贴现（贴现得/贴现息）	×			
参加订货会/登记销售订单/支付广告费	- 1			
更新长期贷款/归还长贷本金/支付长贷利息	- 4			
申请新长期贷款	×			
支付应付税	- 1			
季初现金盘点（请填余额）	24	20	16	28
更新短期贷款/还本付息	×	×	×	×
申请短期贷款	×	×	×	×
更新高利贷/还本付息	×	×	×	×
申请新高利贷	×	×	×	×
出售厂房/购买厂房/支付厂房租金	×	×	×	×
应收账款贴现（贴现得/贴现息）	×	×	×	×
原材料入库/更新原料订单	- 2	- 1	- 1	- 1
下原料订单	（1r1）	（1r1）	（1r1）	（1r1）
更新生产/完工入库	√	√	√	√
投资新生产线/变卖生产线/生产线转产	×	×	×	×
开始下一批生产	- 1	- 2	- 1	- 2
现金余额	21	17	14	25
更新应收款/应收款收现	√	√	15	32
按订单交货（"订单登记表"同步记录交货季）	×	√	×	×
应收账款贴现（贴现得/贴现息）	×	×	×	×
产品研发投资/领取生产许可	×	×	×	×
支付行政管理费	- 1	- 1	- 1	- 1
支付设备维护费				- 4
订单违约罚金				×
计提折旧				（4）
新市场开拓/领取市场准入				×

续表

ISO 认证投资/领取 ISO 资格				×
结账				√
现金收入合计	0	0	15	32
现金支出合计	4	4	3	8
期末现金对账（请填余额）	20	16	28	52

　　起始年操作后，盘面上主要的资产负债状态为：现金区域有 52M；成品库有 3 个 P1，成品价值 6M；4 条生产线上各有 1 个 P1 在制品，在制品价值 8M；原料库有 2 个 R1，原料价值 2M；1 个大厂房，土地和建筑价值 40M；有 3 条手工线和 1 条半自动生产线，提完折旧后价值分别为 2、2、2、3，机器与设备价值 9M；长期贷款处有两个空桶分别摆放在第三和第四年位置，长期负债价值 40M。

　　盘面财务中心"费用"区域状态为：管理费 4M，维护费 4M，设备折旧 4M，利息费用 4M，广告费 1M，税金 1M。

2.5.4　财务报表编制

　　年末根据盘面"盘点"情况编制财务报表，顺序为先编制"综合费用表"，然后"利润表"，最后"资产负债表"。起始年各组的经营状况是一致的，因此报表也是相同的。在未来 6 年的自主经营中，每个小组的报表就有很大差异了。

　　综合费用表（见表 2-13）的数据来自于盘面上"财务中心"费用区域和"营销与规划中心"市场开拓、ISO 认证和产品研发项目。

表 2-13　　　　　　　　　　　起始年综合费用明细表　　　　　　　　单位：百万元

项　　　目	金　　额	备　　　　注
管理费	4	
广告费	1	
设备维护费	4	
厂房租金		
转产费		
市场开拓		□区域　□国内　□亚洲　□国际
ISO 认证		□ISO9000　　□1SO14000
产品研发		P2（　　）　P3（　　）　P4（　　）
其　　他		变卖生产线损失　M，订单违约罚金　M
合　　计	9	

利润表（表 2 – 14）编制参照编制说明。

表 2 – 14　　　　　　　　　　　**起始年利润表**　　　　　　　　　单位：百万元

项　　目	本年数	编制说明
销售收入	32	本年销售额合计，见"订单登记表"
直接成本	12	本年销售 6 个 P1 产品的生产成本合计
毛利	20	销售收入 – 直接成本
综合费用	9	来自于"综合费用明细表"
折旧前利润	11	毛利 – 综合费用
折旧	4	见"财务中心"折旧项目
支付利息前利润	7	折旧前利润 – 折旧
财务费用	4	见"财务中心"利息、贴息项目
税前利润	3	支付利息前利润 – 财务费用
所得税	1	按照税前利润 25% 计算
净利润	2	税前利润 – 所得税

资产负债表（表 2 – 15）期初数来自于上年度的期末数，期末"利润留存"为上年度"利润留存"与"年度净利"的和，金额为 11 + 3 = 14M，期末"年度净利"来自于利润表上的"净利润"项目。

表 2 – 15　　　　　　　　　　　**起始年资产负债表**　　　　　　　　单位：百万元

资　　产	期末数	编制说明	负债和所有者权益	期末数	编制说明
流动资产：			负债：		
现金	52	盘点现金库中的现金	长期负债	40	长期贷款 – 1 年内到期长期贷款
应收款		盘点应收账款	短期负债		盘点短期贷款及高利贷
在制品	8	盘点生产线上的在制品	应付账款		盘点应付账款
成品	6	盘点成品库中的产品	应交税金	1	根据利润表中的所得税填列
原料	2	盘点原料库中的原料	1 年内到期的长期负债		盘点 1 年内到期的长期贷款
流动资产合计	68	以上五项之和	负债合计	41	以上五项之和

续表

资　产	期末数	编制说明	负债和所有者权益	期末数	编制说明
固定资产：			所有者权益：		
土地和建筑	40	厂房价值之和	股东资本	60	股东不增资的情况下同上年末
机器与设备	9	盘点生产线价值	利润留存	14	上年利润留存 + 上年年度净利
在建工程		盘点在建工程价值	年度净利	2	根据利润表中的净利润填列
固定资产合计	49	以上三项之和	所有者权益合计	76	以上三项之和
资产总计	117	流动资产合计 + 固定资产合计	负债和所有者权益总计	117	负债合计 + 所有者权益合计

盘面上所有成本费用相关项目都会体现在综合费用表及利润表上，属于期间费用，每个年末填列报表后，将盘面上的这些项目清空，下一年从零开始。

2.6　其他相关表格的填制说明

为了支持流程顺利、准确完成，对操作流程进行完整记录，便于指导教师对实物沙盘过程的监督，各组除了编制财务报表以外，还需填制一系列报表。具体包括：营销总监编制"订单登记表"；生产总监编制"产成品数量变化汇总表"及"生产过程记录表"；采购总监编制"原材料需求及采购计划"；财务助理编制"应收账款变化记录表"及"年末状态记录表"，如果没有财务助理，则由工作任务较轻的组员完成。

2.6.1　订单登记表

营销总监选择订单后填写订单登记表（表 2 – 16），其中成本、毛利及交货季等信息须在交货后填列。利润表中的"销售收入"项目数据来源于"订单登记表"上"销售额"合计，"直接成本"项目数据来源于"成本"合计，"毛利"项目数据来源于"毛利"合计。

表 2 –16　　　　　　　　　　　　　起始年订单登记表

订单号	× × ×							合计
市场	本地							
产品	P1							

订单号	×××							合计
数量	6							
账期	2Q							
销售额	32								32
成本	12								12
毛利	20								20
交货季	Q2								

2.6.2　生产过程记录表

年初各组根据发展策略编制年度规划，制订全年的生产计划，从而确定生产线的使用情况，是否建设新的生产线、是否停产及转产、是否变卖。生产总监按照年度生产线的安排编制生产过程记录表（见表 2 – 17），为营销总监年初选择订单提供可供销售的最大产能数据，若实际接单与预期存在较大差异，则可能根据实际情况调整生产计划。因此"生产过程记录表"既能够起到计划作用，又可体现真实的生产过程，为填列"产成品数量变化汇总表""原材料需求及采购计划"提供数据。

表 2 – 17　　　　　　　　　起始年生产过程记录表

序号	生产线类型	年初状态	第 1Q	第 2Q	第 3Q	第 4Q	合计
1	手工	P1			↓P1		
		1	2	3	↑P1	2	
2	手工	P1		↓P1			
		2	3	↑P1	2	3	
3	手工	P1	↓P1			↓P1	
		3	↑P1	2	3	↑P1	
4	半自动	P1		↓P1		↓P1	
		1	2	↑P1	2	↑P1	
5							

续表

序号	生产线类型	年初状态	第 1Q	第 2Q	第 3Q	第 4Q	合计
6							
7							
8							
9							
10							
转产费							
完工入库汇总		P1	1	2	1	2	6
		P2					
		P3					
		P4					
上线生产汇总		P1	1	2	1	2	6
		P2					
		P3					
		P4					
人工费支出			1	2	1	2	6

　　按照上年"年末状态记录表"中的生产线情况填列年初状态，包括生产线类型、生产产品类型及完工程度。起始年 4 条生产线都正常生产，第 1 条手工线年初完工程度为 1Q，第一季度更新到 2Q，第二季度更新到 3Q，第三季度下线 1 个 P1，用"↓P1"表示，当期上线 1 个 P1，用"↑P1"表示，第四季度更新到 2Q。同样其他 3 条生产线也按照季度进行更新，第 2 条手工线第二季度下线 1 个 P1，上线 1 个 P1；第 3 条手工线第一、第四季度各下线 1 个 P1，上线 1 个 P1；第 4 条半自动线第二、第四季度各下线 1 个 P1，上线 1 个 P1。

　　根据下线情况填列"完工入库汇总"数据，4 个季度分别为 1、2、1、2，全年合计下线 6 个 P1。根据上线情况填列上线生产汇总，4 个季度分别为 1、2、1、2，全年合计上线 6 个 P1。每个产品上线支付 1M 加工费，因此 4 个季度分别支付 1、2、1、2 加工费，全年合计加工费支出为 6M，该数据为编制现金预算计算加工费提供依据。

2.6.3　产成品数量变化汇总表

生产总监根据上年产成品数据填列产品年初数量，起始年年初 P1 数量为 3 个。表格第二列"入"代表入库数量，数据来自于"生产过程记录表"，起始年四季度入库数量分别为 1、2、1、2；第三列"交"代表交货数量，按订单交货后填列；第四列"末"代表季末数量，计算公式为"期初库存数 + 入库数 − 交货数"，起始年年初库存为 3，1Q 入库数量为 1，交货数量为零，因此第一季度末数量为 3 + 1 − 0 = 4。该表为营销总监提供当年可销售产品的最大数量，起始年初有 3 个 P1，入库 6 个 P1，因此全年最大销售数量为 3 + 6 = 9 个 P1，见表 2 − 18。

表 2 − 18 　　　　　　　　　起始年产成品数量变化汇总表

产品	P1	年初	3	P2	年初		P3	年初		P4	年初	
季度	入	交	末	入	交	末	入	交	末	入	交	末
1Q	1		4									
2Q	2	6	0									
3Q	1		1									
4Q	2		3									

2.6.4　原材料需求及采购计划

现代企业"以销定产、以产订购"，根据市场预测与生产能力确定销售计划，从而确定生产计划，生产总监编制"生产过程记录表"，采购总监按照该表中的"上线生产汇总数"计算原材料需求品种、数量、时间，编制"原材料需求及采购计划"（见表 2 − 19）。编制采购计划时应根据每种产品上线数量、产品构成计算每个季度的原料需求，再根据原材料的提前采购期计算应在何时订购多少数量的何种产品。良好的采购计划既能保证原材料满足生产需求，又能降低资金占用，最好实现零库存管理，这是衡量采购总监业绩的一个重要指标。

表 2 - 19　　　　　　　　　起始年原材料需求及采购计划

原材料需求计划

1Q需求		P1	P2	P3	P4	合计	库存	到货
	上线	1						2M
	R1	1				1	3	2
	R2							
	R3							
	R4							

2Q需求		P1	P2	P3	P4	合计	库存	到货
	上线	2						1M
	R1	2				2	4	1
	R2							
	R3							
	R4							

3Q需求		P1	P2	P3	P4	合计	库存	到货
	上线	1						1M
	R1	1				1	3	1
	R2							
	R3							
	R4							

4Q需求		P1	P2	P3	P4	合计	库存	到货
	上线	2						1M
	R1	2				2	3	1
	R2							
	R3							
	R4							

原材料采购计划 1

上年4Q	采购	
	R1	2
	R2	

1Q	采购	
	R1	1
	R2	

2Q	采购	
	R1	1
	R2	

3Q	采购	
	R1	1
	R2	

原材料采购计划 2

上年3Q	采购	
	R3	
	R4	

上年4Q	采购	
	R3	
	R4	

1Q	采购	
	R3	
	R4	

2Q	采购	
	R3	
	R4	

（1）基于起始年实际采购情况编制采购计划。起始年并未按照零库存的要求订购原材料，每个季度订购了 1 个 R1。以第一、第二季度为例，演示如何编制该表（表 2 - 19）。

上年 4Q 订购了 2 个 R1，今年 1Q 到货，支付 2M，在 1Q "到货" 区域填列 "2" 代表到货 2 个 R1，"2M" 代表支付货款金额。期初库存有 3 个 R1，在 "库存" 区域填列 "3"。1Q 上线 1 个 P1，根据产品构成耗用 1 个 R1。因此下季度初库存为 3 + 2 - 1 = 4，填列在 2Q 的 "库存" 区域。

1Q 下了 1 个 R1 订单，2Q 到货，支付 1M，在 2Q "到货" 区域填制 "1" 代表到货 1 个 R1，"1M" 代表支付货款金额。2Q 期初库存有 4 个 R1，在 "库存" 区域填列 "4"。2Q 上线 2 个 P1，根据产品构成耗用 2 个 R1。因此下季度初库存为 4 + 1 - 2 = 3，填列在 3Q 的

"库存"区域。

我们可以发现起始年每个季度库存数量都不为零，增加了资金占用，不符合零库存的管理要求。

（2）基于零库存管理编制采购计划。为了使同学们更为科学地编制采购计划，下面演示基于零库存管理如何编制原材料需求及采购计划（表2－20）。

表 2 – 20　　　　　起始年原材料需求及采购计划（基于零库存管理）

原材料需求计划

1Q需求		P1	P2	P3	P4	合计	库存	到货
	上线	1						2M
	R1	1				1	3	2
	R2							
	R3							
	R4							

2Q需求		P1	P2	P3	P4	合计	库存	到货
	上线	2						0M
	R1	2				2	4	0
	R2							
	R3							
	R4							

3Q需求		P1	P2	P3	P4	合计	库存	到货
	上线	1						0M
	R1	1				1	2	0
	R2							
	R3							
	R4							

4Q需求		P1	P2	P3	P4	合计	库存	到货
	上线	2						1M
	R1	2				2	1	1
	R2							
	R3							
	R4							

原材料采购计划 1

		采购
上年4Q	R1	2
	R2	
1Q	R1	
	R2	
2Q	R1	
	R2	
3Q	R1	1
	R2	

原材料采购计划 2

		采购
上年3Q	R3	
	R4	
上年4Q	R3	
	R4	
1Q	R3	
	R4	
2Q	R3	
	R4	

1Q 数据与表 2 – 19 相同。2Q 上线 2 个 P1，根据产品构成需要 2 个 R1，季初库存有 4 个 R1，因此 1Q 无须提前订购原料，3Q 季初库存为 4 + 0 – 2 = 2，填列"2"。

3Q 上线 1 个 P1，根据产品构成需要 1 个 R1，季初库存有 2 个 R1，因此 2Q 无须提前订购原料，4Q 季初库存为 $2 + 0 - 1 = 1$，填列 "1"。

4Q 上线 2 个 P1，根据产品构成需要 2 个 R1，季初库存有 1 个 R1，因此 3Q 需提前订购 1 个 R1 原料，本期到货，季末库存为 $1 + 1 - 2 = 0$。

2.6.5　应收账款变化记录表

该表（表 2 – 21）由财务助理编制，如果没有财务助理，则由工作任务较轻的组员完成。

表 2 – 21　　　　　　　　起始年应收账款变化记录表

时间		1 期	2 期	3 期	4 期	合计	
上年末	余额			15			(1)
年初	贴现						(2)
	余额			15			(3) = (1) - (2)
						合计	
一季初	贴现						(4)
	余额			15			(5) = (3) - (4)

时间		0 期	1 期	2 期	3 期	4 期	合计	
一季度	交货							(6)
	合计			15				(7) = (5) + (6)
	贴现							(8)
	余额			15				(9) = (7) - (8)
							合计	
二季初	贴现							(10)
	余额			15				(11) = (9) - (10)

时间		0 期	1 期	2 期	3 期	4 期	合计	
二季度	交货			32			47	(12)
	合计			15	32			(13) = (11) + (12)
	贴现							(14)
	余额			15	32			(15) = (13) - (14)
							合计	
三季初	贴现							(16)
	余额			15	32			(17) = (15) - (16)

续表

时间			0 期	1 期	2 期	3 期	4 期	合计	
三季度	交货								（18）
	合计		15	32					（19）=（17）+（18）
	贴现								（20）
	余额			32					（21）=（19）-（20）

								合计	
四季初	贴现								（22）
	余额			32					（23）=（21）-（22）

			0 期	1 期	2 期	3 期	4 期	合计	
四季度	交货								（24）
	合计			32					（25）=（23）+（24）
	贴现								（26）
	余额								（27）=（25）-（26）

起始年年初有一笔 3 期 15M 的应收账款，本年并未进行贴现，一季度应收账款被更新至 2 期。二季度 15M 应收账款被更新至 1 期；按照订单交货 6 个 P1，形成金额为 32M 的 2 期应收账款。三季度 15M 应收账款被更新至 0 期，即收到现金；32M 应收账款被更新至 1 期。四季度 32M 应收账款被更新至 0 期，即收到现金。

起始年三季度收到 15M 现金，四季度收到 32M 现金，该表对收到现金的单元格区域的边框进行了加黑，为编制现金预算中的现金收入提供数据来源。

2.6.6　年末状态记录表

该表（表 2 - 22）由财务助理按照年末盘面状态编制，如果没有财务助理，则由工作任务较轻的组员完成。

实物沙盘模拟过程中使用道具进行摆盘，而 6 年经营无法一次课完成，因此在授课过程中需要按照上年的情况恢复盘面。财务报表只能提供资产、负债的价值，缺乏恢复盘面必要的详细信息，如起始年资产负债表"机器和设备"价值为"9"，但是无法得知有几条生产线及每条生产线的价值。年末状态记录表对所有盘面信息进行了详细记录，便于恢复盘面，也可作为指导教师监督各组操作合规性的依据。

表 2 – 22　　　　　　　　　　　起始年年末状态记录表

现金	52		大厂房		40		小厂房			
应收款	1 期		2 期		3 期		4 期		合计	

固定资产与在建工程	生产线	类型	设备价值	在建工程	折旧	在产品	P1	P2	P3	P4	完工程度
	①	手工	2		1		√				2
	②	手工	2		1		√				3
	③	手工	2		1		√				1
	④	半自	3		1		√				1
	⑤										
	⑥										
	⑦										
	⑧										
	⑨										
	⑩										
	合计		9M	M	4M	合计	4				8M

成品	P1	P2	P3	P4	合计
	3 * 2	*	*	*	6M

原材料	R1	R2	R3	R4	合计
	2				2M

原料订单	订单	R1	R2	R3	R4
	1Q	1			
	2Q				

长期负债	FY1	FY2	FY3	FY4	FY5
			20	20	

短期负债	Q1	Q2	Q3	Q4	合计
					M

其他贷款	Q1	Q2	Q3	Q4	合计
					M

生产资格	产品	P2	P3	P4	合计
	本年投入				M

续表

市场 准入	市场	区域	国内	亚洲	国际
	本年投入				M
ISO 认证	ISO	ISO9000	ISO14000		合计
	本年投入				M

如果个别小组报表与以上标准数据不符，应在正式操作之前及时纠正。至此起始年所有操作已经完成，之后课程时间交由学员自行操作。学员在初期操作时，往往讨论时间过长，而且问题分散，各组 CEO 需要控制节奏，及时提醒组员。

第3章 ERP实物沙盘模拟经营案例

在 ERP 沙盘模拟经营中，每个企业的市场环境、资源、规则是相同的，但是每个企业的经营策略存在较大差异，最终导致截然不同的结果。通过对经营案例进行分析，探讨普遍存在的一些问题，总结成功经验，能够达到一定的启发作用。

3.1 案例基本情况

本案例是在总结学生实战经验和教训的基础上编写而成的，案例中的企业有 6 家，分别为 A 公司、B 公司、C 公司、D 公司、E 公司及 F 公司。各公司面对的市场包括本地市场、区域市场、国内市场、亚洲市场和国际市场，各公司将在这五个市场销售 P 系列产品（包括 P1、P2、P3、P4），有关各市场对 P 系列产品的需求预测和价格预测见附录。实物沙盘的运营规则和运营流程参见上章相关内容。

各公司的初始状态见表 3 - 1。

表 3 - 1 初始资产负债表（第 0 年末）

资　产	期初数	期末数	负债和所有者权益	期初数	期末数
流动资产：			负债：		
现金	30	52	长期负债	40	40
应收款	15		短期负债		
在制品	8	8	应付账款		
成品	6	6	应交税金	1	1
原料	3	2	1 年内到期的长期负债		
流动资产合计	62	68	负债合计	41	41
固定资产：			所有者权益：		
土地和建筑	40	40	股东资本	60	60
机器与设备	13	9	利润留存	11	14

续表

资　产	期初数	期末数	负债和所有者权益	期初数	期末数
在建工程			年度净利	3	2
固定资产合计	53	49	所有者权益合计	74	76
资产总计	115	117	负债和所有者权益总计	115	117

注：（1）拥有一个大厂房，内设 4 条生产线，前 3 条为手工线，第 4 条为半自动线；生产线净值分别为 2M、2M、2M、3M；（2）在产品为 4 个 P1，完工程度分别为 2Q、3Q、1Q、1Q；（3）产成品为 3 个 P1，原材料为 2 个 R1，有一个 R1 的原料订单；（4）长期贷款为 4 年期、3 年期各 20M。

六个公司经营风格各异，经营策略各不相同，经过紧张激烈的角逐，最终 D 公司以权益 135M、总分 405 分夺得冠军，C 公司以权益 148M、总分 399.6 分夺得亚军，A 公司以权益 137M、总分 349.35 分夺得第三名，前三名所有者权益与总分差别不大，属于第一梯队，三个公司都有获胜的机会。第四名、第五名为 B 公司、E 公司，二者属于第二梯队，经营状况比较接近，都实现了部分盈利。第六名为 F 公司，经营状况最差，自始至终一直在亏损。

3.1.1　各公司市场地位

各公司各年市场地位见表 3 - 2。

表 3 - 2   **市场地位统计**

年份	市场				
	本地	区域	国内	亚洲	国际
1	D				
2	A	C			
3	A	C	F		
4	A	B	D	C	
5	A	B	D	C	F
6	C	B	D	C	F

各组累计市场占有率见图 3 - 1，累计销售产品数量见图 3 - 2，累计广告投入产出比见图 3 - 3。

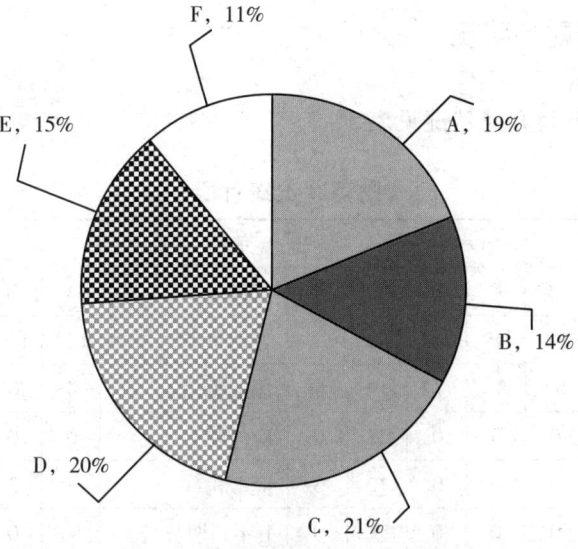

图 3 – 1 各组累计市场占有率

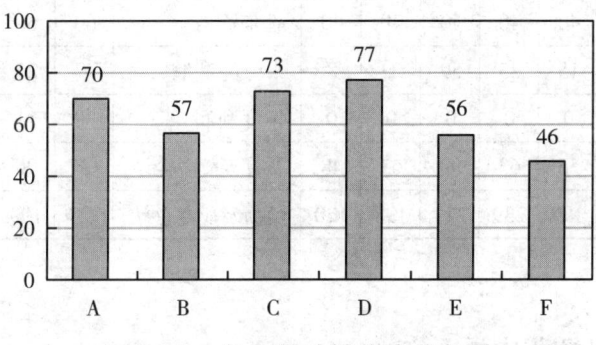

图 3 – 2 各组累计销售产品数量

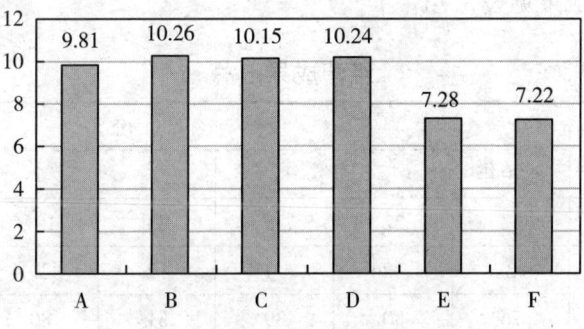

图 3 – 3 各组累计广告投入产出比

3.1.2 各公司财务状况

各公司经营结束年度财务状况见表 3 - 3。

表 3 - 3   财务状况统计表

资产项目	第六年						负债 + 权益	第六年					
流动资产	A	B	C	D	E	F	负债	A	B	C	D	E	F
现金	111	82	95	113	82	25	长期负债	120	100	20	180	40	0
应收	105	62	81	112	19	44	短期负债	0	0	0	0	0	20
在制品	17	0	0	0	22	0	应付款	0	0	0	0	0	0
产成品	4	0	0	0	12	3	应缴税	10	3	11	9	5	0
原材料	0	0	0	0	0	0	1 年到期长贷	60	0	60	0	60	60
流动资产合计	237	144	176	225	135	72	负债合计	190	103	91	189	105	80
固定资产	第六年						权益	第六年					
土地和建筑	40	40	40	40	40	40	股东资本	60	60	60	60	60	60
机器设备	50	15	23	59	23	8	未分配利润	47	25	55	45	15	- 35
在建工程	0	0	0	0	0	0	年度利润	30	11	33	30	18	15
固定资产合计	90	55	63	99	63	48	所有者权益合计	137	96	148	135	93	40
资产总计	327	199	239	324	198	120	负债及权益总计	327	199	239	324	198	120

3.1.3 各公司经营成果

各公司各年经营成果见表 3 - 4。

表 3 - 4   经营成果汇总

公司	成果项目	年 份						
		起始年	1	2	3	4	5	6
A	销售收入	32	22	35	83	107	128	145
	净利润	2	- 26	- 11	12	29	27	30
	权益	76	50	39	51	80	107	137
B	销售收入	32	11	15	73	88	110	93
	净利润	2	- 21	- 28	7	23	28	11
	权益	76	55	27	34	57	85	96

续表

公司	成果项目	年 份						
		起始年	1	2	3	4	5	6
C	销售收入	32	26	40	89	116	129	148
	净利润	2	-23	-7	8	29	32	33
	权益	76	53	46	54	83	115	148
D	销售收入	32	36	29	51	136	139	162
	净利润	2	-14	-10	-2	34	21	30
	权益	76	62	52	50	84	105	135
E	销售收入	32	6	28	82	94	74	109
	净利润	2	-20	-24	17	19	7	18
	权益	76	56	32	49	68	75	93
F	销售收入	32	16	15	52	110	39	64
	净利润	2	-25	-27	-13	14	-1	15
	权益	76	51	24	11	25	24	39

3.1.4　各公司得分计算表

根据成绩得分计算公式，以结束年度所有者权益为基础，考虑企业未来发展能力，折合成相关系数，计算得出（表 3-5）。

表 3-5　　　　　　　　　　　综合评分计算表

项　目	系数	A		B		C		D		E		F	
		数量	综合系数	数量	综合系数	数量	综合系数	数量	综合系数	数量	综合系数	数量	综合系数
大厂房	15	1	15	1	15	1	15	1	15	1	15	1	15
小厂房	10		0		0		0		0		0		0
手工生产线	5		0	3	15	1	5			1	5	2	10
半自动生产线	10	1	10	2	20	3	30	1	10	3	30	1	10
全自动/柔性线	15	5	75	1	15	2	30	5	75	2	30	1	15
区域市场开发	10	1	10	1	10	1	10	1	10	1	10	1	10
国内市场开发	15	1	15	1	15			1	15	1	15	1	15
亚洲市场开发	20		0		0	1	20	1	20		0	1	20

项　　目	系数	A 数量	A 综合系数	B 数量	B 综合系数	C 数量	C 综合系数	D 数量	D 综合系数	E 数量	E 综合系数	F 数量	F 综合系数
国际市场开发	25		0		0		0		0		0	1	25
ISO9000	10	1	10	1	10	1	10	1	10	1	10	1	10
ISO14000	10		0	1	10	1	10	1	10		0		0
P2 产品开发	10	1	10	1	10	0		1	10	1	10	1	10
P3 产品开发	10	1	10	1	10	1	10	1	10	1	10	1	10
P4 产品开发	15		0		0								
本地市场地位	15		0		0	1	15		0		0		0
区域市场地位	15		0	1	15		0		0		0		0
国内市场地位	15		0		0		0	1	15		0		0
亚洲市场地位	15		0		0	1	15		0		0		0
国际市场地位	15		0		0		0		0		0	1	15
综合系数合计			155		145		170		200		135		165
权益			137		96		148		135		93		39
实际得分		349.35		235.2		399.6		405		218.55		76	

高利贷扣分	系数	数量	扣分	数量	扣分	数量	扣分	数量	扣分	数量	扣分	数量	扣分
	15		0		0		0		0		0	3	45
综合评分		349.35		235.2		399.6		405		218.55		13.35	
排名		3		4		2		1		5		6	

6 年经营结束，不同公司的经营成果差异很大，所有者权益相差过百，分数差更是达到了近 400 分，不同的经营成果取决于迥异的经营策略。这六家公司的初始年状态是完全一致的，为何经过 6 年经营成果大相径庭，下面以各公司经营过程及成果为依据，对其经营策略进行深入分析。

3.2　A 公司经营流程及策略分析

3.2.1　A 公司运营情况记录

A 公司第 1 年至第 6 年运营流程表和订单登记表分别如表 3 - 6 ~ 表 3 - 17 所示。

表 3 - 6　　　　　　　　　　　A 公司第 1 年运营流程表

年度规划（年初现金）	52			
应收账款贴现（贴现得/贴现息）	×			
参加订货会/登记销售订单/支付广告费	− 11			
更新长期贷款/归还长贷本金/支付长贷利息	− 4			
申请新长期贷款	×			
支付应付税	− 1			
季初现金盘点（请填余额）	36	24	12	18
更新短期贷款/还本付息	×	×	×	×
申请短期贷款	×	×	20	×
更新高利贷/还本付息	×	×	×	×
申请新高利贷	×	×	×	×
出售厂房/购买厂房/支付厂房租金	×	×	×	×
应收账款贴现（贴现得/贴现息）	×	×	×	×
原材料入库/更新原料订单	− 1	×	− 1	− 1
下原料订单		1rl	1rl	1rl
更新生产/完工入库	√	√	√	√
投资新生产线/变卖生产线/生产线转产	− 6	− 6	− 6 − 4 + 1	− 6 − 4 + 1
开始下一批生产	− 1	− 2	×	− 1
现金余额	28	16	22	7
更新应收款/应收款收现	√	√	√	22
按订单交货（"订单登记表"同步记录交货季）	√	×	×	×
应收账款贴现（贴现得/贴现息）	×	×	×	×
产品研发投资/领取生产许可	− 3	− 3	− 3	− 3
支付行政管理费	− 1	− 1	− 1	− 1
支付设备维护费				− 2
订单违约罚金				×
计提折旧				(4)
新市场开拓/领取市场准入				− 2
ISO 认证投资/领取 ISO 资格				− 1
结账				
现金收入合计	0	0	21	23
现金支出合计	12	12	15	21
期末现金对账（请填余额）	24	12	18	20

表 3 – 7　　　　　　　　　　　　**A 公司第 1 年订单登记表**

订单号									合计
市场	本地								
产品	P1								
数量	4								
账期	Q3								
销售额	22								22
成本	8								8
毛利	14								14
交货季	Q1								

表 3 – 8　　　　　　　　　　　　**A 公司第 2 年运营流程表**

年度规划（年初现金）	20			
应收账款贴现（贴现得/贴现息）	×			
参加订货会/登记销售订单/支付广告费	– 12			
更新长期贷款/归还长贷本金/支付长贷利息	– 4			
申请新长期贷款	60			
支付应付税	0			
季初现金盘点（请填余额）	64	55	43	36
更新短期贷款/还本付息	×	×	– 21	×
申请短期贷款	×	×	20	×
更新高利贷/还本付息	×	×	×	×
申请新高利贷	×	×	×	×
出售厂房/购买厂房/支付厂房租金	×	×	×	×
应收账款贴现（贴现得/贴现息）	×	×	×	×
原材料入库/更新原料订单	– 1	– 2	– 3	– 4
下原料订单	2RI	1R1 + 2R2	2R1 + 2R2 + 2R3	2R1 + 4R2 + 2R3
更新生产/完工入库	√	√	√	√
投资新生产线/变卖生产线/生产线转产	– 3	– 4	×	×
开始下一批生产	– 1	– 2	– 2	– 2
现金余额	59	47	37	30
更新应收款/应收款收现	√	√	√	20

续表

按订单交货（"订单登记表"同步记录交货季）	√	×	×	√
应收账款贴现（贴现得/贴现息）	×	×	×	×
产品研发投资/领取生产许可	−3	−3	×	×
支付行政管理费	−1	−1	−1	−1
支付设备维护费				−3
订单违约罚金				×
计提折旧				(0)
新市场开拓/领取市场准入				−1
ISO 认证投资/领取 ISO 资格				−1
结账				
现金收入合计	0	0	20	20
现金支出合计	9	12	−27	−12
期末现金对账（请填余额）	55	43	36	44

表 3−9　　　　　　　　　　A 公司第 2 年订单登记表

订单号	1	2									合计
市场	本地	本地									
产品	P1	P2									
数量	4	2									
账期	3	2									
销售额	20	15									35
成本	8	6									14
毛利	12	9									21
交货季	Q1	Q4									

表 3−10　　　　　　　　　　A 组第 3 年运营流程表

年度规划（年初现金）	44			
应收账款贴现（贴现得/贴现息）	×			
参加订货会/登记销售订单/支付广告费	−6			
更新长期贷款/归还长贷本金/支付长贷利息	−30			
申请新长期贷款	×			
支付应付税	0			

续表

季初现金盘点（请填余额）	8	32	52	15
更新短期贷款/还本付息	×	×	−21	×
申请短期贷款	40	×	×	×
更新高利贷/还本付息	×	×	×	×
申请新高利贷	×	×	×	×
出售厂房/购买厂房/支付厂房租金	×	×	×	×
应收账款贴现（贴现得/贴现息）	×	×	×	×
原材料入库/更新原料订单	−8	−6	−8	−4
下原料订单	1r1＋3r2＋2r3	1r1＋5r2	2r1＋2r2＋2r3	2r1＋6r2＋1r3
更新生产/完工入库	√	√	√	√
投资新生产线/变卖生产线/生产线转产	−4	−4	−4	−4
开始下一批生产	−3	−2	−3	−2
现金余额	33	20	16	5
更新应收款/应收款收现	√	33	√	30
按订单交货（"订单登记表"同步记录交货季）	√	√	√	√
应收账款贴现（贴现得/贴现息）	×	×	×	×
产品研发投资/领取生产许可	×	×	×	×
支付行政管理费	−1	−1	−1	−1
支付设备维护费				−3
订单违约罚金				×
计提折旧				(13)
新市场开拓/领取市场准入				×
ISO 认证投资/领取 ISO 资格				×
结账				
现金收入合计	40	33	0	30
现金支出合计	16	13	37	14
期末现金对账（请填余额）	32	52	15	31

表 3 – 11   A 公司第 3 年订单登记表

订单号											合计
市场	本地	本地	本地	本地							
产品	P1	P2	P2	P3							
数量	4	4	2	2							
账期	1	2	3	2							
销售额	18	30	18	17							83
成本	8	12	6	8							34
毛利	10	18	12	9							49
交货季	Q1	Q2	Q4	Q4							

表 3 – 12   A 组第 4 年运营流程表

年度规划（年初现金）	31			
应收账款贴现（贴现得/贴现息）	7/1			
参加订货会/登记销售订单/支付广告费	− 7			
更新长期贷款/归还长贷本金/支付长贷利息	− 28			
申请新长期贷款	40			
支付应付税	×			
季初现金盘点（请填余额）	43	28	35	30
更新短期贷款/还本付息	− 42	×	×	×
申请短期贷款	40	×	×	20
更新高利贷/还本付息	×	×	×	×
申请新高利贷	×	×	×	×
出售厂房/购买厂房/支付厂房租金	×	×	×	×
应收账款贴现（贴现得/贴现息）	×	×	×	×
原材料入库/更新原料订单	− 8	− 6	− 10	− 7
下原料订单	2R1 + 3R2 + 2R3	2R1 + 6R2 + 1R3	2R1 + 4R2 + 2R3	2R1 + 6R2 + 2R3
更新生产/完工入库	√	√	√	√
投资新生产线/变卖生产线/生产线转产	×	×	×	×
开始下一批生产	− 4	− 3	− 4	− 3

续表

现金余额	29	19	21	40
更新应收款/应收款收现	×	17	10	19
按订单交货（"订单登记表"同步记录交货季）	√	×	√	√
应收账款贴现（贴现得/贴现息）	×	×	×	×
产品研发投资/领取生产许可	×	×	×	×
支付行政管理费	−1	−1	−1	−1
支付设备维护费				−4
订单违约罚金				×
计提折旧				(8)
新市场开拓/领取市场准入				×
ISO 认证投资/领取 ISO 资格				×
结账				
现金收入合计	40	17	10	39
现金支出合计	55	10	15	15
期末现金对账（请填余额）	28	35	30	54

表 3 – 13　　　　　　A 公司第 4 年订单登记表

订单号									合计
市场	本地	本地	本地	本地					
产品	P1	P2	P2	P3					
数量	3	2	5	4					
账期	3	3	3	3					
销售额	14	19	41	33					107
成本	6	6	15	16					43
毛利	8	13	26	17					64
交货季	Q3	Q1	Q4	Q3					

表 3 – 14　　　　　　　　　A 公司第 5 年运营流程表

年度规划（年初现金）	54			
应收账款贴现（贴现得/贴现息）	×			
参加订货会/登记销售订单/支付广告费	– 7			
更新长期贷款/归还长贷本金/支付长贷利息	– 10			
申请新长期贷款	60			
支付应付税	– 1			
季初现金盘点（请填余额）	96	31	58	77
更新短期贷款/还本付息	– 42	×	×	– 21
申请短期贷款	×	×	×	×
更新高利贷/还本付息	×	×	×	×
申请新高利贷	×	×	×	×
出售厂房/购买厂房/支付厂房租金	×	×	×	×
应收账款贴现（贴现得/贴现息）	×	×	×	×
原材料入库/更新原料订单	– 10	– 8	– 9	– 8
下原料订单	2R1 + 4R2 + 2R3	2R1 + 5R2 + 2R3	1R1 + 5R2 + 4R3	2R1 + 10R2 + 2R3
更新生产/完工入库	√	√	√	√
投资新生产线/变卖生产线/生产线转产	– 8	– 8	– 8	– 8
开始下一批生产	– 4	– 3	– 4	– 3
现金余额	32	12	37	37
更新应收款/应收款收现	×	47	41	18
按订单交货（"订单登记表"同步记录交货季）	√	√	×	√
应收账款贴现（贴现得/贴现息）	×	×	×	×
产品研发投资/领取生产许可	×	×	×	×
支付行政管理费	– 1	– 1	– 1	– 1
支付设备维护费				– 4
订单违约罚金				×
计提折旧				(10)
新市场开拓/领取市场准入				×
ISO 认证投资/领取 ISO 资格				×
结账				
现金收入合计	0	47	41	18
现金支出合计	65	20	22	45
期末现金对账（请填余额）	31	58	77	50

表 3 – 15　　　　　　　　　A 组第 5 年订单登记表

订单号	1	2	4	3	4	3			合计
市场	本地	本地	区域	区域	国内	国内			
产品	P2	P3	P3	P3	P1	P2			
数量	4	3	3	2	1	3			
账期	3	4	2	1	1	1			
销售额	32	25	27	18	5	21			128
成本	12	12	12	8	2	9			55
毛利	20	13	15	10	3	12			73
交货季	Q2	Q1	Q4	Q2	Q4	Q4			

表 3 – 16　　　　　　　　　A 公司第 6 年运营流程表

年度规划（年初现金）	50			
应收账款贴现（贴现得/贴现息）	×			
参加订货会/登记销售订单/支付广告费	– 10			
更新长期贷款/归还长贷本金/支付长贷利息	– 16			
申请新长期贷款	20			
支付应付税	– 8			
季初现金盘点（请填余额）	36	78	60	112
更新短期贷款/还本付息	×	×	×	×
申请短期贷款	×	×	×	×
更新高利贷/还本付息	×	×	×	×
申请新高利贷	×	×	×	×
出售厂房/购买厂房/支付厂房租金	×	×	×	×
应收账款贴现（贴现得/贴现息）	×	×	×	×
原材料入库/更新原料订单	– 16	– 12	– 10	– 11
下原料订单	3R1 + 7R2 + 2R3	2R1 + 6R2 + 1R3	3R1 + 7R2	×
更新生产/完工入库	√	√	√	√
投资新生产线/变卖生产线/生产线转产	2	×	×	×
开始下一批生产	– 5	– 5	– 5	– 5
现金余额	17	61	45	96

续表

更新应收款/应收款收现	62	√	68	20
按订单交货（"订单登记表"同步记录交货季）	√	√	√	√
应收账款贴现（贴现得/贴现息）	×	×	×	×
产品研发投资/领取生产许可	×	×	×	×
支付行政管理费	−1	−1	−1	−1
支付设备维护费				−4
订单违约罚金				×
计提折旧				(7)
新市场开拓/领取市场准入				×
ISO 认证投资/领取 ISO 资格				×
结账				110
现金收入合计	64	0	68	20
现金支出合计	22	18	16	21
期末现金对账（请填余额）	78	60	112	111

表 3 – 17　　　　　　　　　　　A 公司第 6 年订单登记表

订单号							合计
市场	本地	本地	区域	区域	国内	国内	
产品	P2	P3	P2	P3	P2	P3	
数量	3	4	3	4	2	2	
账期	2	3	2	2	2	2	
销售额	20	38	19	36	12	20	145
成本	9	16	9	16	6	8	64
毛利	11	22	10	20	6	12	81
交货季	Q2	Q2	Q3	Q4	Q4	Q1	

3.2.2　A 公司财务报表

财务报表包括产品销售汇总统计表（见表 3 – 18）、综合费用明细表（见表 3 – 19）、利润表（见表 3 – 20）、资产负债表（见表 3 – 21）。

表 3 - 18　　　　　　　　　A 公司产品销售汇总统计表

年份	P1			P2			P3			P4		
	收入	数量	成本	收入	数量	成本	收入	数量	成本	收入	数量	成本
1	22	4	8	0	0	0	0	0	0	0	0	0
2	20	4	8	15	2	6	0	0	0	0	0	0
3	18	4	8	48	6	18	17	2	8	0	0	0
4	14	3	6	60	7	21	33	4	16	0	0	0
5	5	1	2	53	7	21	70	8	32	0	0	0
6	0	0	0	51	8	24	94	10	40	0	0	0

表 3 - 19　　　　　　　　　A 公司综合费用明细表

年份	管理费	广告费	设备维护	厂房租金	转产费	市场开拓	ISO 认证	产品研发	其他	总计
1	4	11	2			2	1	12		32
2	4	12	3			1	1	6		27
3	4	6	3							13
4	4	7	4							15
5	4	7	4							15
6	4	10	4							18

表 3 - 20　　　　　　　　　A 公司利润表

项　目	1	2	3	4	5	6
销售收入	22	35	83	107	128	145
直接成本	8	14	34	43	55	64
毛利	14	21	49	64	73	81
综合费用	32	27	13	15	15	18
折旧前利润	-18	-6	36	49	58	63
折旧	4		13	8	10	7
息前利润	-22	-6	23	41	48	56
财务收/支	4	5	11	11	13	16
额外收/支						
税前利润	-26	-11	12	30	35	40
税				1	8	10
净利润	-26	-11	12	29	27	30

表 3 – 21　　　　　　　　　　　A 公司资产负债表

资　产						负债 + 权益						
流动资产	1	2	3	4	5	6	负债	1	2	3	4	5	6
现金	20	44	31	54	50	111	长期负债	40	80	60	100	160	120
应收		15	35	88	110	105	短期负债	20	20	40	60		
在制品	4	6	10	14	15	17	应付款						
产成品	10	12	8	8		4	应缴税	0	0	0	1	8	10
原材料	1		2		1		1 年期长贷		20	20			60
流动合计	35	77	86	164	176	237	负债合计	60	120	120	161	168	190
固定资产							权　益						
土地和建筑	40	40	40	40	40	40	股东资本	60	60	60	60	60	60
机器设备	3	42	29	37	27	50	利润留存	16	-10	-21	-9	20	47
在建工程	32		16		32		年度利润	-26	-11	12	29	27	30
固定合计	75	82	85	77	99	90	权益小计	50	39	51	80	107	137
资产总计	110	159	171	241	275	327	负债权益总计	110	159	171	241	275	327

3.2.3　A 公司经营策略分析

A 公司总体经营比较稳健，发展稳定，最后所有者权益为 137M，位列第二位，考虑未来发展能力折合成系数计算最终得分为 349.35，最终排名第三。根据利润表提供的数据，分析 A 公司销售、毛利和净利润的变化情况（见图 3 – 4）。

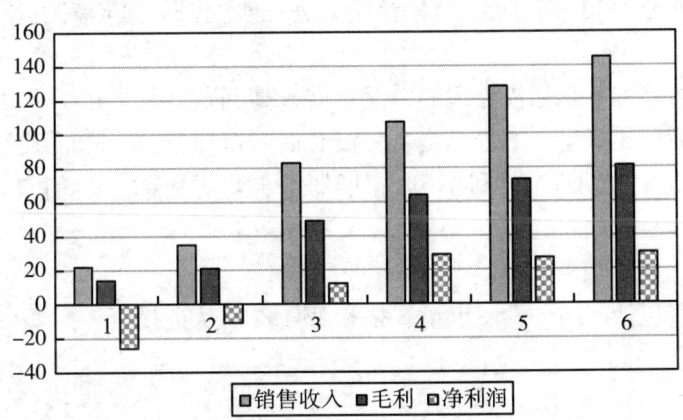

图 3 – 4　A 公司销售收入、毛利、净利润

从图 3 -4 可以看出，A 公司在第 1、第 2 年销售收入和毛利都比较少，净利润为负，这是前两年市场总体需求少，竞争激烈导致的。第 3 年开始，销售收入、毛利同步稳定增长，呈现良性发展态势，说明从第 3 年开始，企业逐步进入稳定发展的时期，但是，净利润与销售收入、毛利的变化并不一致，这缘于第 5、第 6 年计提企业所得税致使净利润减少。

下面结合前面提供的资料，对 A 公司的筹资、投资、生产等策略进行分析，希望从 A 公司的经营中吸取经验教训。

（1）筹资策略。

企业要进行各种投资和日常经营必须要有资金支持。由于前两年市场单一、产品单一，各公司销售产品取得的收入相对较少，在这种情况下，要进行无形资产和固定资产投资，扩大产能，必须想办法筹集资金。经营过程中，A 公司采用的筹资方式只要有三种：长期贷款、短期贷款和应收账款贴现。从资产负债表和运营流程表中可以看出 A 公司的举债筹资情况，见表 3 – 22。

表 3 – 22　　　　　　　　　　　　A 公司筹资情况

项　　目	第 1 年	第 2 年	第 3 年	第 4 年	第 5 年	第 6 年
借入长期贷款		60		40	60	20
借入短期贷款	20	20	40	60		
应收账款贴现（贴现得/贴现息）				7/1		

从表 3 – 22 中可以发现，A 公司在第 1 年没有借入长期贷款，借了 20M 短期贷款；第 2 年最大限度借入了长期贷款 60M，并借入 20M 短期贷款；第 3 年借入 40M 短期贷款；第 4 年初的所有者权益上升为 51M，加上已经偿还了 40M 的长期贷款，因此长期贷款额度剩余 40M，当年借入 40M 长期贷款，借入 60M 短期贷款，并进行了应收账款贴现，支付了 1M 财务费用；后两年所有者权益进一步上升，又借入了长期贷款，没有借入短期贷款。

A 公司总体的筹资策略是较合理的，没有借入高利贷，只进行了小额贴现。但是从筹资结构上来看，后两年只借入了长期贷款，没有借入短期贷款，降低了还款压力，但是长期贷款年利率 10%，短期贷款年利率 5%，增加了企业的利息支出，可以通过循环借入短期贷款解决部分资金短缺问题。

（2）无形资产投资策略。

无形资产投资包括产品研发、市场开拓和 ISO 资格认证投资，A 公司的无形资产投资方案见表 3 – 23。

表 3 - 23　　　　　　　　　　　A 公司无形资产投资方案

项目		第 1 年	第 2 年	第 3 年	第 4 年	第 5 年	第 6 年
产品研发	P2	4	2				
	P3	8	4				
市场开发	区域	1					
	国内	1	1				
	亚洲						
	国际						
ISO 认证	9K	1	1				
	14K						

A 公司研发了 P2、P3 产品，放弃了 P4 产品的研发。在第 1 年 1 季度同时研发了 P2、P3 产品，第 1 年投入 4M 研发 P2，投入 8M 研发 P3；第 2 年投入 2M 研发 P2，投入 4M 研发 P3；于第 2 年 2 季度研发完成，3 季度可上线生产。从表 3 - 8 和图 3 - 5 中可以发现 A 公司在第 2 年销售了 2 个 P2 产品，并未生产、销售 P3 产品，在第 3 年才进行 P3 产品的生产与销售，而第 2 年 2 季度已研发完成，说明 P3 研发时间过早，造成了资金的占用。另外，前期 P3 产品的毛利低于 P2 产品，适合在后几年销售。

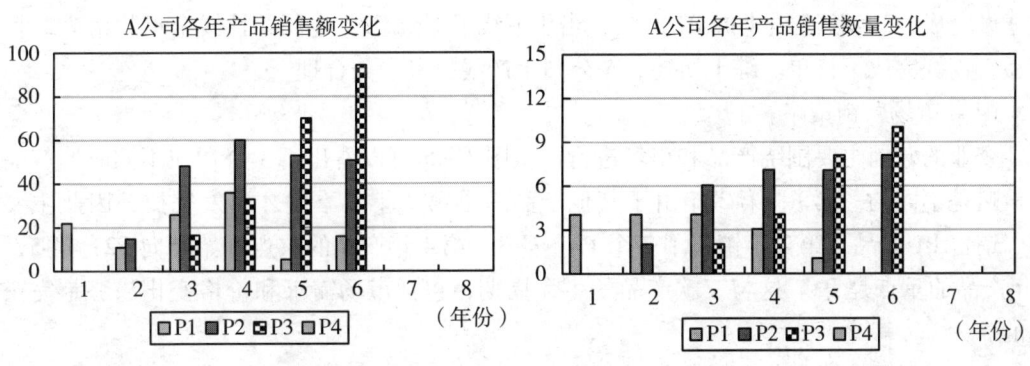

图 3 - 5　A 公司产品销售变化情况

A 公司开发了区域市场和国内市场，放弃了亚洲市场和国际市场，第 1 年同时开发区域、国内市场，第 2 年区域市场可用，第 3 年国内市场可用。A 公司可选择市场相对狭窄，订单较少，竞争激烈，导致产品积压，除了第 5 年外，每年末都有未销售的产成品库存，价值分别为 10M、12M、8M、8M、4M，影响了资金回笼以及销售收入的增加，从而影响了所有者权益，这是 A 公司没有取得最终胜利的最主要原因。

（3）固定资产投资策略。

根据公司的运行记录，A 公司生产线的购置情况见表 3 - 24。

表 3 – 24　　　　　　　　　　　　A 公司生产线投资情况

生产线	第 1 年				第 2 年				第 3 年				第 5 年			
	1 季	2 季	3 季	4 季	1 季	2 季	3 季	4 季	1 季	2 季	3 季	4 季	1 季	2 季	3 季	4 季
全自动			4	4	4	4			4	4	4	4	8	8	8	8
柔性	6	6	6	6												

从 A 公司生产线的投资情况来看，在第 1 年 1 季度新建了一条柔性生产线，当年 4 季度建设完成；3 季度变卖了一条手工线，在此建设了一条全自动线，4 季度又变卖了一条手工线，自动线于第 2 年 2 季度建设完成；第 3 年 1 季度变卖了一条手工线，在此建设了一条全自动线，当年 4 季度建设完成；第 5 年 1 季度建设了 2 条全自动线，当年 4 季度建设完成，第 5 年建设完成的生产线第 6 年不用计提折旧，在计算最终得分时是增加企业未来发展潜力的加分项。

A 公司第 6 年末拥有一条柔性线，四条全自动线，一条半自动线。生产线的建设没有盲目一哄而上，较好地缓解了资金的压力。正因为生产线建设稳步推进，A 公司的销售收入呈现出逐年增长的局面。

生产线的投资时间与 P2 产品开发同步，没有出现停工待产的情况。柔性线在第 2 年 1 季度先上线了 P1 产品，下线了 2 个 P1 后，2 季度 P2 产品研发结束，3 季度开始生产 P2 产品，当年下线了 1 个 P2，充分发挥了柔性线的灵活性。最先建设的全自动线于第 2 年 2 季度建设完成，3 季度上线生产 P2 产品，当年下线了 1 个 P2，连同柔性线全年共完工 2 个 P2 产品，正好完成了订单。综上所述，A 公司生产线投资十分合理。

（4）市场营销策略。

企业的营销主要围绕产品和市场进行。从图 3 – 5 可以看出，A 公司在不同时期产品销售策略是不同的。第 1、第 2 年由于其他产品最早第 2 年 2 季度才研发完成，因此主要生产、销售 P1 产品，第 2 年销售了 2 个 P2；第 3、第 4 年产品的重点开始转向 P2；第 5、第 6 年产品的重点是 P3。这与三款产品的生命周期，包括市场需求和价格变化趋势是完全一致的。

企业产品要实现销售，必须借助一定的营销策略。沙盘模拟经营中，企业的营销策略主要是围绕广告策略进行的。广告方案的制订是公司总体运营战略在营销上的体现，只有依据市场竞争状况制定合理的运营战略，公司才能步入良性循环。成功的广告策略应当是以较少的广告投入实现较多的产品销售。A 公司的广告投入与销售收入情况见表 3 – 25。

表 3 – 25　　　　　　　　　　　　A 公司广告投入产出

项　　目	第 1 年	第 2 年	第 3 年	第 4 年	第 5 年	第 6 年
广告投入	11	12	6	7	7	10
销售收入	22	35	83	107	128	145
投入产出比	2.00	2.92	13.83	15.29	18.29	14.50

　　从表中可以发现 A 公司第 1、第 2 年的广告投入产出比较低，说明企业前两年产品销售竞争激烈。后 4 年，A 公司的广告投入产出比相对较高，说明 A 公司采取了合理的营销策略，取得了比较好的营销效果。A 公司 6 年累计广告投入产出比为 9.81，即 1M 广告费所获得的销售收入为 9.81M，在 6 组中排名第四，前三名是 B 公司、D 公司、C 公司，分别为 10.26、10.24、10.15。A 公司落后主要原因在于只开拓了区域与国内市场，市场过于狭窄，只能通过投入高额广告费获取订单，但大多年份仍有未销售的产成品库存。

　　第 1 年，只有本地市场，P1 产品可供销售，所有公司只能投放本地市场的 P1 产品的广告费，竞争非常激烈。A 公司投入了 11M 广告费，其本意在于争取本地市场老大，但是 D 公司投入了 13M，以 2M 的优势广告费排名第一，最先选单，成为了本地市场老大。A 公司以 11M 的广告费只获得了 22M 的订单，第 1 年产品积压严重。

　　第 2 年，A 公司为了减少库存，增加收入，不得不投放较多的广告费。在本地市场投入了 12M 广告费，获得了本地市场 35M 订单，由于除了 P1 订单，还有 P2 订单，总销售额比 D 公司高，因此获得了本地市场老大，并一直维持到第 5 年。A 公司第 2 年区域市场已开拓完毕，但并未投入广告费，导致第 2 年末产成品积压较上年有所增加，为 12M。当年广告费投入并不合理，在本地市场投入过高，区域市场没有投入，广告投入产出比不高，但是取得了本地市场老大，为提高以后的广告费效率奠定了基础。

　　由于 A 公司一直占据本地市场老大地位，后 4 年广告费的投入产出比都比较高。遗憾的是，第 6 年 C 公司以 5M 的销售额差距夺取了本地市场老大，A 公司没有得到最终计算得分市场老大的加分项。

　　综合来看，A 公司采取的是稳步推进的经营战略，但是在市场开拓方面过于保守，导致缺乏销售渠道，与丰富的产品和充沛的产能不相匹配，错失了快速发展的机会。A 公司最终的所有者权益为 137M，在 6 个公司中处于第二位，同时公司资金控制比较好，没有借高利贷，没有任何扣分，经过综合计算，综合得分为 349.35，获得季军。

3.3　B 公司经营流程及策略分析

3.3.1　B 公司运营情况记录

　　B 公司第 1 年 ~ 第 6 年运营流程表和订单登记表见表 3 - 26 ~ 表 3 - 37。

表 3 - 26　　　　　　　　　　**B 公司第 1 年运营流程表**

年度规划（年初现金）	52			
应收账款贴现（贴现得/贴现息）	×			
参加订货会/登记销售订单/支付广告费	-5			
更新长期贷款/归还长贷本金/支付长贷利息	-4			

续表

申请新长期贷款	×			
支付应付税	−1			
季初现金盘点（请填余额）	42	34	25	28
更新短期贷款/还本付息	×	×	×	×
申请短期贷款	×	×	×	×
更新高利贷/还本付息	×	×	×	×
申请新高利贷	×	×	×	×
出售厂房/购买厂房/支付厂房租金	×	×	×	×
应收账款贴现（贴现得/贴现息）	×	×	×	×
原材料入库/更新原料订单	−1	−1	−1	−1
下原料订单	1r1	1r1	1r1	1r1
更新生产/完工入库	√	√	√	√
投资新生产线/变卖生产线/生产线转产	−4	−4	−4	−4
开始下一批生产	−1	−2	−1	−2
现金余额	36	27	19	20
更新应收款/应收款收现	√	√	√	√
按订单交货（"订单登记表"同步记录交货季）	√	×	11	×
应收账款贴现（贴现得/贴现息）	×	×	×	×
产品研发投资/领取生产许可	−1	−1	−1	−1
支付行政管理费	−1	−1	−1	−1
支付设备维护费				−4
订单违约罚金				×
计提折旧				(4)
新市场开拓/领取市场准入				−1
ISO 认证投资/领取 ISO 资格				−2
结账				
现金收入合计	0	0	11	0
现金支出合计	8	9	8	16
期末现金对账（请填余额）	34	25	28	12

表 3-27　　　　　　　　　　B 公司第 1 年订单登记表

订单号									合计
市场	本地								
产品	P1								
数量	2								
账期	2Q								
销售额	11								11
成本	4								4
毛利	7								7
交货季	1Q								

表 3-28　　　　　　　　　　B 公司第 2 年运营流程表

年度规划（年初现金）	12			
应收账款贴现（贴现得/贴现息）	0			
参加订货会/登记销售订单/支付广告费	-6			
更新长期贷款/归还长贷本金/支付长贷利息	-4			
申请新长期贷款	60			
支付应付税	0			
季初现金盘点（请填余额）	62	55	45	36
更新短期贷款/还本付息	×	×	×	×
申请短期贷款	×	×	×	20
更新高利贷/还本付息	×	×	×	×
申请新高利贷	×	×	×	×
出售厂房/购买厂房/支付厂房租金	×	×	×	×
应收账款贴现（贴现得/贴现息）	×	×	×	×
原材料入库/更新原料订单	-1	-3	-3	-5
下原料订单	3r1	3r1	3r1+2r2	2r1，2r2
更新生产/完工入库	√	√	√	√
投资新生产线/变卖生产线/生产线转产	×	×	×	×
开始下一批生产	-1	-2	-2	-3
现金余额	60	50	40	48
更新应收款/应收款收现	√	√	√	15
按订单交货（"订单登记表"同步记录交货季）	√	×	×	×

应收账款贴现（贴现得/贴现息）	×	×	×	×
产品研发投资/领取生产许可	−4	−4	−3	−3
支付行政管理费	−1	−1	−1	−1
支付设备维护费				−5
订单违约罚金				×
计提折旧				(0)
新市场开拓/领取市场准入				−2
ISO 认证投资/领取 ISO 资格				−2
结账				
现金收入合计	0	0	0	35
现金支出合计	7	10	9	21
期末现金对账（请填余额）	55	45	36	50

表 3 – 29　　　　　　　　　　B 公司第 2 年订单登记表

订单号									合计
市场	本地								
产品	P1								
数量	3								
账期	3Q								
销售额	15								15
成本	6								6
毛利	9								9
交货季	1Q								

表 3 – 30　　　　　　　　　　B 公司第 3 年运营流程表

年度规划（年初现金）	50			
应收账款贴现（贴现得/贴现息）	×			
参加订货会/登记销售订单/支付广告费	−5			
更新长期贷款/归还长贷本金/支付长贷利息	−30			
申请新长期贷款	×			
支付应付税	×			
季初现金盘点（请填余额）	15	5	13	53

续表

更新短期贷款/还本付息	√	√	√	−21
申请短期贷款	×	20	×	×
更新高利贷/还本付息	×	×	×	×
申请新高利贷	×	×	×	×
出售厂房/购买厂房/支付厂房租金	×	×	×	×
应收账款贴现（贴现得/贴现息）	×	×	×	×
原材料入库/更新原料订单	−4	−5	−7	−4
下原料订单	√	√	√	√
更新生产/完工入库	√	√	√	√
投资新生产线/变卖生产线/生产线转产	×	×	×	×
开始下一批生产	−2	−3	−2	−3
现金余额	9	17	4	25
更新应收款/应收款收现	√	√	50	23
按订单交货（"订单登记表"同步记录交货季）	√	×	√	×
应收账款贴现（贴现得/贴现息）	×	×	×	×
产品研发投资/领取生产许可	−3	−3	×	×
支付行政管理费	−1	−1	−1	−1
支付设备维护费				−5
订单违约罚金				×
计提折旧				(5)
新市场开拓/领取市场准入				×
ISO 认证投资/领取 ISO 资格				−1
结账				
现金收入合计	0	20	50	23
现金支出合计	10	12	10	35
期末现金对账（请填余额）	5	13	53	41

表 3−31　　　　　　　　　　B 公司第 3 年订单登记表

订单号									合计
市场	本地	本地	国内	国内					
产品	P1	P2	P1	P2					
数量	3	3	4	2					

续表

订单号										合计
账期	2	1	2	2						
销售额	14	23	19	17						73
成本	6	9	8	6						29
毛利	8	14	11	11						44
交货季	1Q	3Q	1Q	1Q						

表 3 - 32　　　　　B 公司第 4 年运营流程表

年度规划（年初现金）	41			
应收账款贴现（贴现得/贴现息）	×			
参加订货会/登记销售订单/支付广告费	−7			
更新长期贷款/归还长贷本金/支付长贷利息	−28			
申请新长期贷款	×			
支付应付税	×			
季初现金盘点（请填余额）	6	39	16	5
更新短期贷款/还本付息	×	−21	×	×
申请短期贷款	40	×	×	20
更新高利贷/还本付息	×	×	×	×
申请新高利贷	×	×	×	×
出售厂房/购买厂房/支付厂房租金	×	×	×	×
应收账款贴现（贴现得/贴现息）	×	×	×	×
原材料入库/更新原料订单	−4	−7	−4	−4
下原料订单	√	√	√	√
更新生产/完工入库	√	√	√	√
投资新生产线/变卖生产线/生产线转产	×	×	−4	−4
开始下一批生产	−2	−3	−2	−2
现金余额	40	8	6	15
更新应收款/应收款收现	√	9	√	30
按订单交货（"订单登记表"同步记录交货季）	√	√	√	√
应收账款贴现（贴现得/贴现息）	×	×	×	×
产品研发投资/领取生产许可	×	×	×	×
支付行政管理费	−1	−1	−1	−1

续表

支付设备维护费				−5
订单违约罚金				×
计提折旧				(3)
新市场开拓/领取市场准入				×
ISO 认证投资/领取 ISO 资格				×
结账				
现金收入合计	40	9	0	50
现金支出合计	7	32	11	−16
期末现金对账（请填余额）	39	16	5	39

表 3 – 33　　　　　　　　　B 公司第 4 年订单登记表

订单号								合计
市场	本地	本地	区域	国内	国内			
产品	P1	P2	P2	P1	P2			
数量	5	1	5	3	1			
账期	3	1	3	2	1			
销售额	20	10	36	13	9			88
成本	10	3	15	6	3			37
毛利	10	7	21	7	6			51
交货季	1Q	3Q	2Q	4Q	1Q			

表 3 – 34　　　　　　　　　B 公司第 5 年运营流程表

年度规划（年初现金）	39			
应收账款贴现（贴现得/贴现息）	×			
参加订货会/登记销售订单/支付广告费	−8			
更新长期贷款/归还长贷本金/支付长贷利息	−6			
申请新长期贷款	40			
支付应付税	×			
季初现金盘点（请填余额）	65	40	44	67
更新短期贷款/还本付息	−42	×	×	−21
申请短期贷款	×	×	×	×
更新高利贷/还本付息	×	×	×	×
申请新高利贷	×	×	×	×

续表

出售厂房/购买厂房/支付厂房租金	×	×	×	×
应收账款贴现（贴现得/贴现息）	×	×	×	×
原材料入库/更新原料订单	−14	−6	−14	−6
下原料订单	√	√	√	√
更新生产/完工入库	√	√	√	√
投资新生产线/变卖生产线/生产线转产	×	×	×	×
开始下一批生产	−4	−2	−4	−2
现金余额	5	32	26	38
更新应收款/应收款收现	36	13	42	15
按订单交货（"订单登记表"同步记录交货季）	√	√	√	√
应收账款贴现（贴现得/贴现息）	×	×	×	×
产品研发投资/领取生产许可	×	×	×	×
支付行政管理费	−1	−1	−1	−1
支付设备维护费				−6
订单违约罚金				×
计提折旧				(2)
新市场开拓/领取市场准入				×
ISO 认证投资/领取 ISO 资格				×
结账				
现金收入合计	36	13	42	15
现金支出合计	61	9	19	36
期末现金对账（请填余额）	40	44	67	46

表 3−35　　　　　B 公司第 5 年订单登记表

订单号										合计
市场	本地	本地	区域	区域	国内	区域				
产品	P2	P4	P2	P4	P4	P2				
数量	3	2	4	1	2	2				
账期	2	3	3	2	2	2				
销售额	25	19	24	10	17	15				110
成本	9	10	12	5	10	6				52
毛利	15.9	9	12	5	17	9				58
交货季	1	4	4	3	1	2				

表 3 - 36　　　　　　　　**B 公司第 6 年运营流程表**

项目				
年度规划（年初现金）	46			
应收账款贴现（贴现得/贴现息）	×			
参加订货会/登记销售订单/支付广告费	−7			
更新长期贷款/归还长贷本金/支付长贷利息	−10			
申请新长期贷款	×			
支付应付税	−2			
季初现金盘点（请填余额）	27	23	19	69
更新短期贷款/还本付息	×	×	×	×
申请短期贷款	×	×	×	×
更新高利贷/还本付息	×	×	×	×
申请新高利贷	×	×	×	×
出售厂房/购买厂房/支付厂房租金	×	×	×	×
应收账款贴现（贴现得/贴现息）	×	×	×	×
原材料入库/更新原料订单	−9	−2	−2	×
下原料订单	√	√	√	√
更新生产/完工入库	√	√	√	√
投资新生产线/变卖生产线/生产线转产	×	×	×	×
开始下一批生产	−4	−1	−1	×
现金余额	14	20	16	69
更新应收款/应收款收现	10	√	54	20
按订单交货（"订单登记表"同步记录交货季）	√	√	√	√
应收账款贴现（贴现得/贴现息）	×	×	×	×
产品研发投资/领取生产许可	×	×	×	×
支付行政管理费	−1	−1	−1	−1
支付设备维护费				−6
订单违约罚金				×
计提折旧				(4)
新市场开拓/领取市场准入				×
ISO 认证投资/领取 ISO 资格				×
结账				×
现金收入合计	10	0	54	20
现金支出合计	14	4	4	7
期末现金对账（请填余额）	23	19	69	82

表 3 - 37　　　　　　　　　　　B 公司第 6 年订单登记表

订单号										合计
市场	本地	本地	区域	区域	区域					
产品	P2	P4	P2	P4	P4					
数量	2	2	2	4	1					
账期	3	3	2	3	2					
销售额	13	20	13	34	11					93
成本	6	10	6	20	5					47
毛利	7	10	7	16	6					46
交货季	2	1	4	3	1					

3.3.2　B 公司财务报表

财务报表包括产品销售汇总统计表（见表 3 - 38）、综合费用明细表（见表 3 - 39）、利润表（见表 3 - 40）、资产负债表（见表 3 - 41）。

表 3 - 38　　　　　　　　　　B 公司产品销售汇总统计表

年份	P1			P2			P3			P4		
	收入	数量	成本	收入	数量	成本	收入	数量	成本	收入	数量	成本
1	11	2	4	0	0		0	0	0	0	0	0
2	15	3	6	0	0	0	0	0	0	0	0	0
3	33	7	14	40	5	15	0	0	0	0	0	0
4	33	8	16	55	7	21	0	0	0	0	0	0
5	0	0	0	64	9	27	0	0	0	46	5	25
6	0	0	0	26	4	12	0	0	0	67	7	35

表 3 - 39　　　　　　　　　　B 公司综合费用明细表

年份	管理费	广告费	设备维护	厂房租金	转产费	市场开拓	ISO 认证	产品研发	其他	总计
1	4	5	4			1	2	4		20
2	4	6	5			2	2	14		33
3	4	5	5				1	6		21
4	4	7	5							16
5	4	8	6							18
6	4	7	6							17

表 3 - 40   **B 公司利润表**

项 目	第 1 年	第 2 年	第 3 年	第 4 年	第 5 年	第 6 年
销售收入	11	15	73	88	110	93
直接成本	4	6	29	37	52	47
毛利	7	9	44	51	58	46
综合费用	20	33	21	16	18	17
折旧前利润	−13	−24	23	35	40	29
折旧	4		5	3	2	4
息前利润	−17	−24	18	32	38	25
财务收/支	4	4	11	9	9	10
额外收/支						
税前利润	−21	−28	7	23	29	15
税					2	3
净利润	−21	−28	7	23	27	12

表 3 - 41   **B 公司资产负债表**

资 产							负债 + 权益						
流动资产	第1年	第2年	第3年	第4年	第5年	第6年	负债	第1年	第2年	第3年	第4年	第5年	第6年
现金	12	50	41	39	46	82	长期负债	40	80	60	60	100	100
应收				49	53	62	短期负债		20	20	60		
在制品	8	13	16	14	28	0	应付款						
产成品	14	23	21	14			应缴税	0	0	0	0	2	3
原材料	0						1 年期长贷		20	20			
流动合计	34	86	78	116	127	144	负债合计	40	120	100	120	102	103
固定资产							权 益						
土地和建筑	40	40	40	40	40	40	股东资本	60	60	60	60	60	60
机器设备	5	21	16	13	19	15	利润留存	16	−5	−33	−26	−3	24
在建工程	16		8				年度利润	−21	−28	7	23	27	12
固定合计	61	61	56	61	59	55	权益小计	55	27	34	57	84	96
资产总计	95	147	134	177	186	199	负债权益总计	95	147	134	177	186	199

3.3.3　B 公司经营策略分析

从图 3-6 可以发现 B 公司第 1、第 2 年销售收入毛利都很少，净利润为负数，从第 3 年～第 5 年，销售收入毛利稳步增加，呈现良性发展的态势，企业逐步进入稳步发展的时期，然而第 6 年销售收入、毛利及净利润都发生了大幅度下降，这主要是由于产能过低导致。最终 B 公司的所有者权益为 96M，最终得分为 235.2，排名第四。

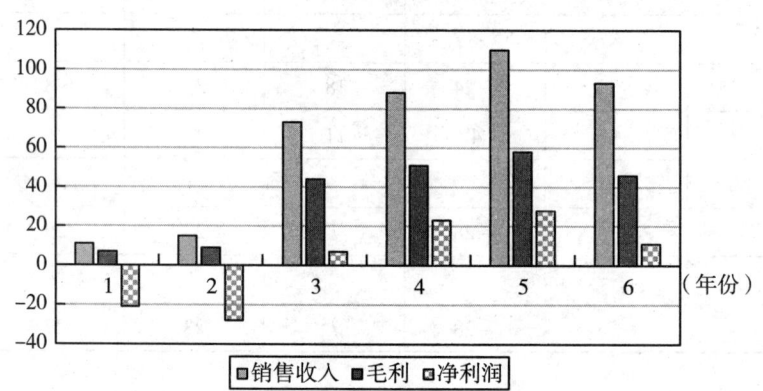

图 3-6　B 公司销售收入、毛利、净利润

B 公司产品销售变化情况见图 3-7。

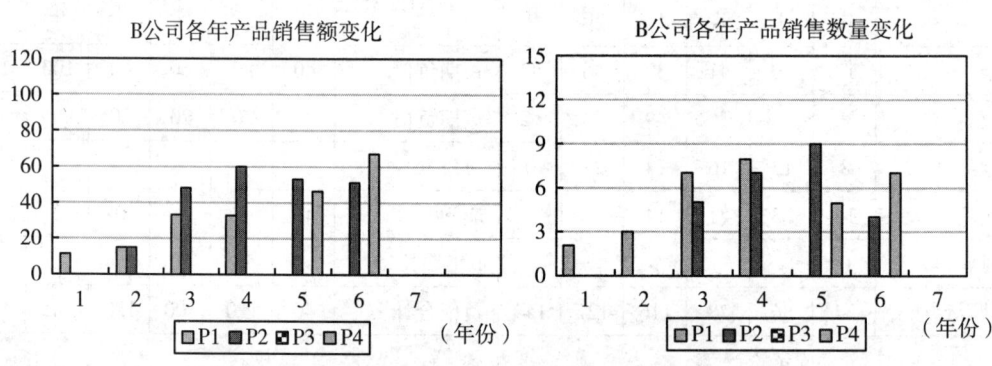

图 3-7　B 公司产品销售变化情况

B 公司在产品研发方面比较激进，除了研发了 P2 产品，还研发了 P4 产品，研发费用高达 24M，是各公司中唯一研发 P4 产品的公司。选择 P4 产品可以实现错位生产，避免竞争，提高广告费的使用效率，B 公司的广告投入产出比是所有公司中最高的，累计 6 年为 10.26（见图 3-3），即 1M 广告费可以获得 10.26M 销售额，其每年具体广告投入产出见表 3-42。

表 3 – 42　　　　　　　　　　　　　B 公司广告投入产出

项　　目	第 1 年	第 2 年	第 3 年	第 4 年	第 5 年	第 6 年
广告投入	5	6	5	7	8	7
销售收入	11	15	73	88	110	93
投入产出比	2. 20	2. 50	14. 60	12. 57	13. 75	13. 29

与其相反的是，B 公司在市场开拓与生产线建设上非常保守，只开拓了两个市场，放弃了 P4 价格最高的亚洲市场；仅投资建设了一条全自动生产线，一条半自动生产线，产能比较落后。这二者之间的矛盾导致了不太理想的经营结果。

下面，我们从产品研发、市场开拓、生产线投资和筹资策略方面逐一分析。

(1) P4 产品研发与市场开拓、产能不匹配。B 公司研发了 P2 和 P4 产品，由于放弃了 P4 产品毛利最高的亚洲市场，同时 P4 产品产能过低，致使该产品没有为公司赚取利润。

表 3 – 43 显示，B 公司第 1 年 1 季度开始研发 P2 产品，当年投入 4M，第 2 年继续研发两季度，投入 2M，2 季度研发完成，3 季度在全自动生产线上线生产。第 2 年 1 季度开始研发 P4 产品，当年投入 12M，第 3 年继续投入 6M，2 季度研发完成，当年市场上并没有P4 订单，公司也并未生产，第 4 年上线生产了 1 个 P4 产品，但是当年并没有拿到订单。这说明公司过早研发 P4 产品，研发费用高达 18M，造成了大量的资金占用。

通过表 3 – 28 产品销售汇总统计表计算得出 B 公司经营期间共销售了 12 个 P4 产品，而在第 5 章我们通过分析得出 P4 产品的盈亏临界点约为 12，也就是说，B 公司在 P4 产品上仅仅实现了盈亏平衡，并没有获得利润。如果想通过 P4 产品获取盈利，必须加大 P4 产品的产能，同时开拓市场、扩大销售。

(2) 市场开拓过于保守。B 公司忽略了市场开拓的重要性，仅开拓了区域和国内市场，放弃了国际市场和 P4 销售价格最高的亚洲市场，导致销售不力，前 4 年产品积压严重。

表 3 – 43 显示，B 公司第 1 年开始开拓国内市场，第 2 年继续开拓，同年开拓了区域市场，第 3 年区域市场和国内市场可用。由于没有在第 1 年开拓区域市场，致使其在第 2 年仅拥有本地市场，销售渠道有限。正是由于 B 公司保守的市场开拓策略，其前 4 年年末产成品库存为 14M、23M、21M、14M（表 3 – 41），影响了销售收入，减缓了资金回笼速度，增大了资金压力。B 公司后期主要销售 P4 产品，通过市场预测分析，亚洲市场的 P4 产品价格最高，达到 10M 以上，B 公司却错误地放弃了亚洲市场。

表 3 – 43　　　　　　　　　　　　B 公司无形资产投资方案

项　　目		第 1 年	第 2 年	第 3 年	第 4 年	第 5 年	第 6 年
产品研发	P2	4	2				
	P4		12	6			

续表

项　　目		第 1 年	第 2 年	第 3 年	第 4 年	第 5 年	第 6 年
市场开发	区域		1				
	国内	1	1				
	亚洲						
	国际						
ISO 认证	9K	1	1				
	14K	1	1	1			

B 公司从第 1 年同时进行了 ISO 认证，第 2 年 ISO9000 认证完成，第 3 年 ISO14000 认证完成，但从第 4 年市场上才出现要求 ISO9000 认证的订单，从第 5 年出现要求 ISO14000 认证的订单，因此 ISO 认证可以适当推迟，减少资金占用。

（3）生产线投资不足，产能落后。表 3 – 44 显示，B 公司第 1 年 1 季度建设了一条生产 P2 产品的全自动生产线，第 4 年 3 季度建设了一条生产 P4 产品半自动生产线，连同第 1 年初就有的生产线，B 公司共拥有一条全自动线、两条半自动线和三条手工线。手工线三期产出 1 个产品，半自动线两期产出 1 个产品，公司全年的产能仅为 10 个，产能严重不足，无法接受量大的订单，错失了很多可观的订单，利润增长极其缓慢，延误了企业的发展。

表 3 – 44　　　　　　　　　　B 公司生产线投资情况

生产线	第 1 年				第 4 年			
	1 季	2 季	3 季	4 季	1 季	2 季	3 季	4 季
全自动	4	4	4	4				
半自动							4	4

B 公司没有为研发费用高达 18M 的 P4 产品建设全自动线，而使用半自动和手工线进行生产，经营期间的产能仅为 12 个，全部进行了销售。过低的产能导致 P4 产品仅能实现盈亏平衡，无法为公司带来利润。B 公司的初衷是错位生产，减少竞争，但是忽略了高额的研发费用必须通过大量的销售予以弥补，而销售的前提是产能的提高。不选择高售价的市场，不设法提高产品产能，扩大销售，盲目开发产品最终的结果不仅不能赚钱，而且极有可能发生亏损。

（4）资金使用效率不高。B 公司认为市场开拓和生产线投资的失策完全缘于资金的短缺，下面我们分析这个观点是否正确。表 3 – 45 显示，B 公司第 1 年并未借入长期贷款，当年末所有者权益下降为 55M，长期贷款的剩余额度为 60M，第 2 年满额度借入了长期贷款，之后循环借入短期贷款解决公司资金缺口，第 3、第 4 年归还了 40M 长期贷款，第 5 年初所有者权益回升，又借入 40M 长期贷款。经营期间未借入高利贷及应收账款贴现，总体资金控制尚可。

表 3-45 显示了 B 公司第 2~第 5 年的长期贷款额度已经用完，但是短期贷款额度在第 2、第 3、第 5 年都有结余，分别为 80M、20M、100M，公司完全可以借入短期贷款进行生产线建设，其属于资本性投资，并不影响当期利润，不会引起所有者权益下降。

表 3-45　　　　　　　　　　　　B 公司筹资情况

项　　目	第 1 年	第 2 年	第 3 年	第 4 年	第 5 年	第 6 年
借入长期贷款		60			40	
借入短期贷款		20	20	60	0	
年末所有者权益	55	27	34	57	85	96
长期贷款剩余贷款额度	100	0	0	0	0	60
短期贷款剩余贷款额度	140	80	20	0	100	160
年末现金余额	12	50	41	39	46	82

另外，从年末持有现金来看，第 3、第 4 年初要偿还长期贷款，因此第 2、第 3 年末的现金余额较高。第 4、第 5 年末的现金余额分别为 39M、46M，这两年并无长期贷款还款压力，充裕的资金也可用于投资生产线。

通过上述分析可以发现，B 公司并不缺乏投资生产线的资金，而是决策性失误，导致现有生产线落后，产能过低，每年能接的订单有限，严重影响了利润，制约了其未来的发展。

3.4　C 公司经营流程及策略分析

3.4.1　C 公司运营情况记录

C 公司第 1 年~第 6 年运营流程表和订单登记表见表 3-46~表 3-57。

表 3-46　　　　　　　　　　　C 公司第 1 年运营流程表

年度规划（年初现金）	52			
应收账款贴现（贴现得/贴现息）	×			
参加订货会/登记销售订单/支付广告费	-11			
更新长期贷款/归还长贷本金/支付长贷利息	-4			
申请新长期贷款	×			
支付应付税	-1			

续表

季初现金盘点（请填余额）	36	31	26	13
更新短期贷款/还本付息	×	×	×	×
申请短期贷款	×	×	×	×
更新高利贷/还本付息	×	×	×	×
申请新高利贷	×	×	×	×
出售厂房/购买厂房/支付厂房租金	×	×	×	×
应收账款贴现（贴现得/贴现息）	×	×	×	×
原材料入库/更新原料订单	−1	×	−1	−2
下原料订单	×	1R1	2R1	1R1
更新生产/完工入库	√	√	√	√
投资新生产线/变卖生产线/生产线转产	×	×	−8	−8
开始下一批生产	−1	−2	−1	−2
现金余额	34	29	16	1
更新应收款/应收款收现	√	√	√	26
按订单交货（"订单登记表"同步记录交货季）	×	√	×	×
应收账款贴现（贴现得/贴现息）	×	√	×	×
产品研发投资/领取生产许可	−2	−2	−2	−2
支付行政管理费	−1	−1	−1	−1
支付设备维护费				−4
订单违约罚金				×
计提折旧				(4)
新市场开拓/领取市场准入				−2
ISO 认证投资/领取 ISO 资格				−2
结账				
现金收入合计	0	0	0	26
现金支出合计	5	5	13	23
期末现金对账（请填余额）	31	26	13	16

表 3 – 47   C 公司第 1 年订单登记表

订单号										合计
市场	本地									
产品	P1									
数量	5									
账期	2q									
销售额	26									26
成本	10									10
毛利	16									16
交货季	Q2									

表 3 – 48   C 公司第 2 年运营流程表

年度规划（年初现金）	16			
应收账款贴现（贴现得/贴现息）	×			
参加订货会/登记销售订单/支付广告费	– 8			
更新长期贷款/归还长贷本金/支付长贷利息	– 4			
申请新长期贷款	60			
支付应付税	×			
季初现金盘点（请填余额）	64	51	36	25
更新短期贷款/还本付息	×	×	×	20
申请短期贷款	×	×	×	×
更新高利贷/还本付息	×	×	×	×
申请新高利贷	×	×	×	×
出售厂房/购买厂房/支付厂房租金	×	×	×	×
应收账款贴现（贴现得/贴现息）	×	×	×	×
原材料入库/更新原料订单	– 1	– 2	– 7	– 8
下原料订单	√	√	√	√
更新生产/完工入库	√	√	√	√
投资新生产线/变卖生产线/生产线转产	– 8	– 8	×	×
开始下一批生产	– 1	– 2	– 3	– 4
现金余额	54	39	26	33
更新应收款/应收款收现	×	√	√	25
按订单交货（"订单登记表"同步记录交货季）	√	×	×	√

应收账款贴现（贴现得/贴现息）	×	×	×	×
产品研发投资/领取生产许可	−2	−2	×	×
支付行政管理费	−1	−1	−1	−1
支付设备维护费				−6
订单违约罚金				×
计提折旧				(0)
新市场开拓/领取市场准入				−1
ISO 认证投资/领取 ISO 资格				−2
结账				
现金收入合计	0	0	0	45
现金支出合计	13	15	11	22
期末现金对账（请填余额）	51	36	25	48

表 3 - 49　　　　　　　　　　**C 公司第 2 年订单登记表**

订单号								合计
市场	本地	本地	区域					
产品	P1	P3	P1					
数量	2	2	3					
账期	3Q	3Q	3Q					
销售额	10	15	15					40
成本	4	8	6					18
毛利	6	7	9					22
交货季	Q1	Q4	Q1					

表 3 - 50　　　　　　　　　　**C 公司第 3 年运营流程表**

年度规划（年初现金）	48			
应收账款贴现（贴现得/贴现息）	×			
参加订货会/登记销售订单/支付广告费	−6			
更新长期贷款/归还贷本金/支付长贷利息	−30			
申请新长期贷款	×			
支付应付税	×			
季初现金盘点（请填余额）	12	3	8	48

续表

更新短期贷款/还本付息	√	√	√	-21
申请短期贷款	×	20	20	×
更新高利贷/还本付息	×	×	×	×
申请新高利贷	×	×	×	×
出售厂房/购买厂房/支付厂房租金	×	×	×	×
应收账款贴现（贴现得/贴现息）	×	×	×	×
原材料入库/更新原料订单	-6	-9	-7	-7
下原料订单	√	√	√	√
更新生产/完工入库	√	√	√	√
投资新生产线/变卖生产线/生产线转产	×	×	×	×
开始下一批生产	-2	-5	-3	-2
现金余额	4	9	18	18
更新应收款/应收款收现	√	√	31	36
按订单交货（"订单登记表"同步记录交货季）	√	√	√	×
应收账款贴现（贴现得/贴现息）	×	×	×	×
产品研发投资/领取生产许可	×	×	×	×
支付行政管理费	-1	-1	-1	-1
支付设备维护费				-6
订单违约罚金				×
计提折旧				(10)
新市场开拓/领取市场准入				-1
ISO 认证投资/领取 ISO 资格				-1
结账				
现金收入合计	0	0	51	36
现金支出合计	9	15	11	39
期末现金对账（请填余额）	3	8	48	45

表 3-51　　　　　　　　　　C 公司第 3 年订单登记表

订单号										合计
市场	本地	本地	区域	区域	区域					
产品	P1	P3	P1	P3	P3					
数量	6	1	3	3	2					

订单号											合计
账期	3Q	2Q	2Q	3Q	2Q						
销售额	26	10	14	23	16						89
成本	12	4	6	12	8						42
毛利	14	6	8	11	8						47
交货季	Q1	Q2	Q3	Q3	Q1						

表 3 – 52　　　　　　　　　　　　C 公司第 4 年运营流程表

年度规划（年初现金）	45			
应收账款贴现（贴现得/贴现息）	×			
参加订货会/登记销售订单/支付广告费	−9			
更新长期贷款/归还长贷本金/支付长贷利息	−28			
申请新长期贷款	20			
支付应付税	×			
季初现金盘点（请填余额）	28	49	40	29
更新短期贷款/还本付息	√	−21	−21	×
申请短期贷款	×	×	×	×
更新高利贷/还本付息	×	×	×	×
申请新高利贷	×	×	×	×
出售厂房/购买厂房/支付厂房租金	×	×	×	×
应收账款贴现（贴现得/贴现息）	×	×	×	×
原材料入库/更新原料订单	−10	−9	−9	−9
下原料订单	√	√	√	√
更新生产/完工入库	√	√	√	√
投资新生产线/变卖生产线/生产线转产	×	×	×	−6
开始下一批生产	−5	−3	−3	−2
现金余额	13	16	7	12
更新应收款/应收款收现	37	25	23	18
按订单交货（"订单登记表"同步记录交货季）	√	√	×	√
应收账款贴现（贴现得/贴现息）	×	×	×	×
产品研发投资/领取生产许可	×	×	×	×
支付行政管理费	−1	−1	−1	−1

续表

支付设备维护费				−4
订单违约罚金				×
计提折旧				(6)
新市场开拓/领取市场准入				×
ISO 认证投资/领取 ISO 资格				×
结账				
现金收入合计	37	25	23	18
现金支出合计	16	34	34	22
期末现金对账（请填余额）	49	40	29	25

表 3－53　　　　　　　　　　C 公司第 4 年订单登记表

订单号										合计
市场	本地	区域	区域	亚洲	亚洲	亚洲	亚洲			
产品	P3	P1	P3	P1	P1	P3	P3			
数量	2	3	2	2	1	2	4			
账期	2	3	2	1	1	1	3			
销售额	18	15	18	8	5	17	35			116
成本	8	6	8	4	2	8	16			52
毛利	10	9	10	4	3	9	19			64
交货季	Q1	Q4	Q2	Q1	Q2	Q1	Q4			

表 3－54　　　　　　　　　　C 公司第 5 年运营流程表

年度规划（年初现金）	25			
应收账款贴现（贴现得/贴现息）	×			
参加订货会/登记销售订单/支付广告费	−9			
更新长期贷款/归还长贷本金/支付长贷利息	−8			
申请新长期贷款	×			
支付应付税	−2			
季初现金盘点（请填余额）	6	12	7	74
更新短期贷款/还本付息	√	√	√	√
申请短期贷款	20	20	20	×
更新高利贷/还本付息	×	×	×	×

续表

申请新高利贷	×	×	×	×
出售厂房/购买厂房/支付厂房租金	×	×	×	×
应收账款贴现（贴现得/贴现息）	×	×	×	×
原材料入库/更新原料订单	−9	−12	−9	−15
下原料订单	√	√	√	√
更新生产/完工入库	√	√	√	√
投资新生产线/变卖生产线/生产线转产	×	−8	×	×
开始下一批生产	−4	−4	−3	−5
现金余额	13	8	15	54
更新应收款/应收款收现	√	√	60	57
按订单交货（"订单登记表"同步记录交货季）	√	√	√	√
应收账款贴现（贴现得/贴现息）	×	×	×	×
产品研发投资/领取生产许可	×	×	×	×
支付行政管理费	−1	−1	−1	−1
支付设备维护费				−6
订单违约罚金				×
计提折旧				(4)
新市场开拓/领取市场准入				×
ISO 认证投资/领取 ISO 资格				×
结账				√
现金收入合计	20	20	80	57
现金支出合计	14	25	13	27
期末现金对账（请填余额）	12	7	74	104

表 3 −55　　　　　　　　　　C 公司第 5 年订单登记表

订单号								合计
市场	本地	本地	区域	亚洲	亚洲			
产品	P3	P3	P3	P3	P3			
数量	4	1	2	3	4			
账期	3Q	2Q	2Q	2Q	3Q			
销售额	38	10	19	27	35			129
成本	16	4	8	12	16			56
毛利	22	6	11	15	19			73
交货季	Q1	Q1	Q2	Q3	Q4			

表 3-56　　　　　　　　　C 公司第 6 年运营流程表

项目				
年度规划（年初现金）	104			
应收账款贴现（贴现得/贴现息）	×			
参加订货会/登记销售订单/支付广告费	−11			
更新长期贷款/归还长贷本金/支付长贷利息	−8			
申请新长期贷款	×			
支付应付税	−10			
季初现金盘点（请填余额）	75	68	52	75
更新短期贷款/还本付息	−21	−21	−21	×
申请短期贷款	×	×	×	×
更新高利贷/还本付息	×	×	×	×
申请新高利贷	×	×	×	×
出售厂房/购买厂房/支付厂房租金	×	×	×	×
应收账款贴现（贴现得/贴现息）	×	×	×	×
原材料入库/更新原料订单	−9	−12	−6	×
下原料订单	√	√	×	×
更新生产/完工入库	√	√	√	√
投资新生产线/变卖生产线/生产线转产	×	×	×	×
开始下一批生产	−3	−4	−2	×
现金余额	42	31	23	75
更新应收/应收款收现	27	22	53	27
按订单交货（"订单登记表"同步记录交货季）	√	√	√	√
应收账款贴现（贴现得/贴现息）	×	×	×	×
产品研发投资/领取生产许可	×	×	×	×
支付行政管理费	−1	−1	−1	−1
支付设备维护费				−6
订单违约罚金				×
计提折旧				(8)
新市场开拓/领取市场准入				×
ISO 认证投资/领取 ISO 资格				×
结账				
现金收入合计	27	22	53	27
现金支出合计	34	38	30	7
期末现金对账（请填余额）	68	52	75	95

表 3 - 57　　　　　　　　　C 公司第 6 年订单登记表

订单号										合计
市场	本地	本地	区域	亚洲	亚洲					
产品	P3	P3	P3	P3	P3					
数量	5	2	3	2	4					
账期	2Q	2Q	2Q	1Q	4Q					
销售额	45	18	27	22	36					148
成本	20	8	12	8	16					64
毛利	25	10	15	14	20					84
交货季	Q3	Q1	Q2	Q1	Q4					

3.4.2　C 公司财务报表

财务报表包括产品销售汇总统计表（见表 3 - 58）、综合费用明细表（见表 3 - 59）、利润表（见表 3 - 60）、资产负债表（见表 3 - 61）。

表 3 - 58　　　　　　　　　C 公司产品销售汇总统计表

年份	P1			P2			P3			P4		
	收入	数量	成本	收入	数量	成本	收入	数量	成本	收入	数量	成本
1	26	5	10	0	0	0	0	0	0	0	0	0
2	25	5	10	0	0	0	15	2	8	0	0	0
3	40	9	18	0	0	0	49	6	24	0	0	0
4	28	6	12	0	0	0	88	10	40	0	0	0
5	0	0	0	0	0	0	129	14	56	0	0	0
6	0	0	0	0	0	0	148	16	64	0	0	0

表 3 - 59　　　　　　　　　C 公司综合费用明细表

年份	管理费	广告费	设备维护	厂房租金	转产费	市场开拓	ISO 认证	产品研发	其他	总计
1	4	11	4			2	2	8		31
2	4	8	6			1	2	4		25
3	4	6	6			1	1	0		18
4	4	9	4							17
5	4	9	6							19
6	4	11	6							21

表 3 - 60　　　　　　　　　　　　　C 公司利润表

项　　目	第 1 年	第 2 年	第 3 年	第 4 年	第 5 年	第 6 年
销售收入	26	40	89	116	129	148
直接成本	10	18	42	52	56	64
毛利	16	22	47	64	73	84
综合费用	31	25	18	17	19	21
折旧前利润	- 15	- 3	29	47	54	63
折旧	4		10	6	4	8
息前利润	- 19	- 3	19	41	50	55
财务收/支	4	4	11	10	8	11
额外收/支						
税前利润	- 23	- 7	8	31	42	44
税				2	10	11
净利润	- 23	- 7	8	29	32	33

表 3 - 61　　　　　　　　　　　　C 公司资产负债表

资　　产							负债 + 权益						
流动资产	第 1 年	第 2 年	第 3 年	第 4 年	第 5 年	第 6 年	负债	第 1 年	第 2 年	第 3 年	第 4 年	第 5 年	第 6 年
现金	16	48	45	25	104	95	长期负债	40	80	60	80	80	20
应收		15	37	50	62	81	短期负债		20	40		60	
在制品	8	16	14	16	24		应付款						
产成品	8	10	10	4	4		应缴税	0	0	0	2	10	11
原材料			1	3			1 年期长贷		20	20			60
流动合计	32	89	107	98	194	176	负债合计	40	120	120	82	150	91
固定资产							权　　益						
土地和建筑	40	40	40	40	40	40	股东资本	60	60	60	60	60	60
机器设备	5	37	27	19	31	23	利润留存	16	- 7	- 14	- 6	23	55
在建工程	16			8			年度利润	- 23	- 7	8	29	32	33
固定合计	61	77	67	67	71	63	权益小计	53	46	54	83	115	148
资产总计	93	166	174	165	265	239	负债权益总计	93	166	174	165	265	239

3.4.3　C 公司经营策略分析

C 公司采取的是稳扎稳打的经营策略，既不激进，也不保守，合理预算资金，有针对性地研发产品和开拓市场，及时扩大产能，通过科学的营销策略，及时销售产品，增加收入，实现利润，取得了比较好的市场效果。经营过程中，虽然资金出现一点困难，但通过良好的资金链管理解决了问题，最后取得了成功。C 公司以所有者权益 148M 在 6 个公司中排名第一，在折算未来发展潜力系数时，由于生产线相对落后等原因，综合系数合计为170，比 D 公司少 30，计算得分为 399.6，最终获得亚军。

图 3 – 8 显示，C 公司销售收入、毛利逐年稳定上升，第 1 年由于前期包括产品研发、市场开拓、ISO 认证各项投入较高，收入较少，亏损较大；第 2 年销售收入 40M，仅亏损7M，相对于其他几家公司情况要好很多；从第 3 年开始持续盈利，第 5、第 6 年净利润相差无几，其原因在于第 6 年的折旧、财务费用有所提升导致。

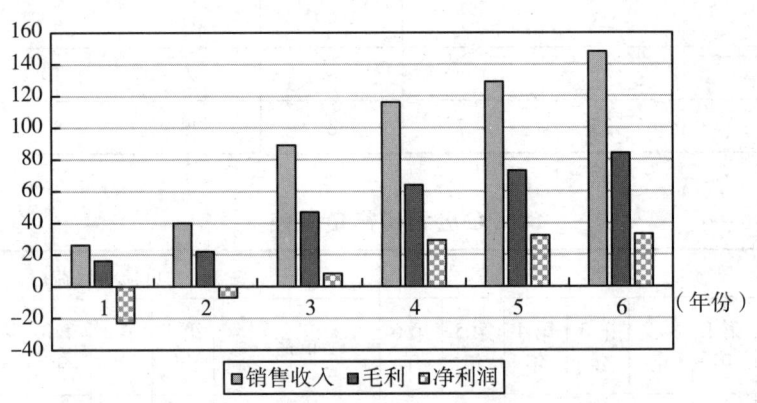

图 3 – 8　C 公司销售收入、毛利、净利润

C 公司最终获得了成功缘于对三个关键环节的合理把握：一是通过科学的资金预算和严格的资金控制有效解决了资金短缺的问题，通过提前编制预算，及早采取了应对资金短缺的措施，缓解了资金的压力；二是采取了错位竞争的营销策略，把握市场机会，及时将产品销售出去，及时收回垫支的成本；三是产品研发、市场开拓、生产线建设同步协调进行，产品研发完成时间与生产线完工时间相一致，既保证了产品的生产，也不会由于生产线的闲置而积压资金。下面进行具体情况的分析。

（1）把握重点产品和重点市场。

准确把握不同阶段的重点产品和重点市场，避免了各公司之间的恶性竞争，为控制费用支出、实现产品销售创造了条件，为取得市场老大提供了机会。

表 3 – 62 显示了 C 公司对于重点产品和重点市场非常明确，第 1 年有针对性地对区域和亚洲市场进行了开发，并于第 1 年 1 季度开始开发 P3 产品。从第 2 年开始，公司的重点产品是 P3，前期重点市场是本地市场，后期重点市场是亚洲市场。第 2 年 P3 产品研发完成后，在新建的两条全自动生产线完工时生产 P3 产品。

表 3-62　　　　　　　　　　　　C 公司无形资产投资方案

项　　目		第 1 年	第 2 年	第 3 年	第 4 年	第 5 年	第 6 年
产品研发	P2						
	P3	8	4				
市场开发	区域	1					
	国内						
	亚洲	1	1	1			
	国际						
ISO 认证	9K	1	1				
	14K	1	1				

　　由图 3-9 可以看出，C 公司只销售 P1 和 P3 两种产品，并未研发、销售 P2 产品，第 2 年生产、销售了 2 个 P3 产品，后两年完全放弃了毛利不断下滑的 P1 产品，采取这种策略节约了 P2 产品的研发成本，实现了产品错位，避免了过度竞争，并且为争夺区域市场老大奠定了基础。

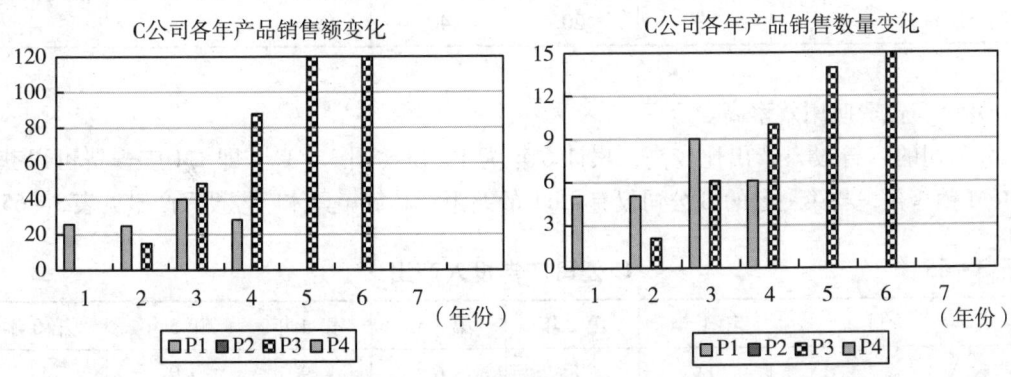

图 3-9　C 公司产品销售变化情况

　　（2）产品研发与生产线建设相匹配。

　　C 公司的经营一直比较稳健，由表 3-63 可以看出，第 1 年投资了两条生产线后，第 3 年没有建设生产线。第 4 年投资了两条半自动生产线。由于手工线的生产周期较长，时间成本过高，所以仅保留一条。产品研发完成时间与生产线完工时间完全一致，尽早实现了产能、市场的最大化，为后期抢夺市场、提升企业综合竞争力创造了有利条件。

　　为了使产品开发完成后迅速投入生产，第 1 年 3 季度在大厂房新建了两条全自动生产线用于生产 P3 产品，于第 2 年 2 季度建设完成，3 季度上线生产 P3，与产品研发同步；第 4 年 1 季度将一条半自动生产线由生产 P1 转产为生产 P3 产品；第 4 年 4 季度出售了两条手工生产线，并在此新建了两条半自动生产线以继续扩大 P3 产能，并将仅剩的一条手工线转产 P3，进而实现了全线专门化生产 P3 产品。

表 3 – 63　　　　　　　　　　　　C 公司生产线投资情况

生产线	第 1 年				第 2 年				第 4 年				第 5 年			
	1 季	2 季	3 季	4 季	1 季	2 季	3 季	4 季	1 季	2 季	3 季	4 季	1 季	2 季	3 季	4 季
全自动			8	8	8	8										
半自动												8		8		

（3）科学合理筹资。

C 公司由于在第 1 年大力开发产品、市场，投资建设生产线，并在第 2 年大量生产 P3 产品，对资金的需求非常大，稍有疏忽就可能导致资金断流。从表 3 – 64 可以发现，C 公司在第 2 年借入了 60M 的长期贷款。此后，循环利用短期贷款，极大地缓解了资金压力。公司对于资金进行了合理规划与控制，并未出现借入高利贷和应收账款贴现的情况，避免了高额的财务费用。

表 3 – 64　　　　　　　　　　　　C 公司筹资情况

项　　目	第 1 年	第 2 年	第 3 年	第 4 年	第 5 年	第 6 年
借入长期贷款		60		20		
借入短期贷款		20	40		60	

（4）广告费使用效率高。

C 公司的广告投入产出比较高，累计 6 年为 10.15（图 3 – 3），即 1M 广告费可以获得 10.15M 销售额，与第一名的 B 公司仅有 0.11 的差距，其每年具体广告投入产出见表 3 – 65。

表 3 – 65　　　　　　　　　　　　C 公司广告投入产出

项　　目	第 1 年	第 2 年	第 3 年	第 4 年	第 5 年	第 6 年
广告投入	11	8	6	9	9	11
销售收入	26	40	89	116	129	148
投入产出比	2.36	5.00	14.83	12.89	14.33	13.45

第 2 年 C 公司花费较低的广告费在缺乏竞争对手的 P3 产品上全力进攻本地市场，为后期产品的销售铺平了道路；第 2、第 3 年取得区域市场老大地位；第 4 年取得亚洲市场老大地位，第 5、第 6 年牢牢把握亚洲市场，第 6 年同时获得了本地市场老大。公司充分发挥市场老大优势，利用优先选单的机会，积极扩大产品销售，同时节约了广告费，提高了广告投入产出比。

总之，C 公司能取得最后的胜利，首先在于决策的正确性，其次在于科学地控制资金，最后在于准确地把握市场，控制公司的发展节奏。

3.5　D 公司经营流程及策略分析

3.5.1　D 公司运营情况记录

D 公司第 1 年～第 6 年运营流程表和订单登记表见表 3－66～表 3－67。

表 3－66　　　　　　　　　　　　D 公司第 1 年运营流程表

年度规划（年初现金）	52			
应收账款贴现（贴现得/贴现息）	×			
参加订货会/登记销售订单/支付广告费	－13			
更新长期贷款/归还长贷本金/支付长贷利息	－4			
申请新长期贷款	×			
支付应付税	－1			
季初现金盘点（请填余额）	34	30	24	19
更新短期贷款/还本付息	×	×	×	×
申请短期贷款	×	×	×	×
更新高利贷/还本付息	×	×	×	×
申请新高利贷	×	×	×	×
出售厂房/购买厂房/支付厂房租金	×	×	×	×
应收账款贴现（贴现得/贴现息）	×	×	×	×
原材料入库/更新原料订单	－1	－2	－2	0
下原料订单	2R1	2R1	×	×
更新生产/完工入库	√	√	√	√
投资新生产线/变卖生产线/生产线转产	×	×	×	×
开始下一批生产	－1	－2	－1	－2
现金余额	32	26	21	17
更新应收款/应收款收现	×	×	×	√
按订单交货（"订单登记表"同步记录交货季）	×	×	√	×
应收账款贴现（贴现得/贴现息）	×	×	×	×
产品研发投资/领取生产许可	－1	－1	－1	－1
支付行政管理费	－1	－1	－1	－1
支付设备维护费				－4

续表

订单违约罚金				×
计提折旧				(4)
新市场开拓/领取市场准入				−1
ISO 认证投资/领取 ISO 资格				−2
结账				
现金收入合计	0	0	0	0
现金支出合计	4	6	5	11
期末现金对账（请填余额）	30	24	19	8

表 3 − 67　　　　　　　　　**D 公司第 1 年订单登记表**

订单号										合计
市场	本地									
产品	P1									
数量	7									
账期	2									
销售额	36									36
成本	14									14
毛利	22									22
交货季	3Q									

表 3 − 68　　　　　　　　　**D 公司第 2 年运营流程表**

年度规划（年初现金）	8			
应收账款贴现（贴现得/贴现息）	×			
参加订货会/登记销售订单/支付广告费	−1			
更新长期贷款/归还长贷本金/支付长贷利息	−4			
申请新长期贷款	40			
支付应付税	0			
季初现金盘点（请填余额）	43	66	50	55
更新短期贷款/还本付息	×	×	×	×
申请短期贷款	×	×	20	20
更新高利贷/还本付息	×	×	×	×
申请新高利贷	×	×	×	×

续表

出售厂房/购买厂房/支付厂房租金	×	×	×	×
应收账款贴现（贴现得/贴现息）	×	×	×	×
原材料入库/更新原料订单	0	−2	−1	−2
下原料订单	2R1	1R1	1R1，1R2	R1R2
更新生产/完工入库	√	√	√	√
投资新生产线/变卖生产线/生产线转产	−8	−8	−11	−12
开始下一批生产	−1	−2	0	−2
现金余额	34	54	58	59
更新应收款/应收款收现	36	×	×	×
按订单交货（"订单登记表"同步记录交货季）	×	×	√	×
应收账款贴现（贴现得/贴现息）	×	×	×	×
产品研发投资/领取生产许可	−3	−3	−2	−2
支付行政管理费	−1	−1	−1	−1
支付设备维护费				−3
订单违约罚金				×
计提折旧				(0)
新市场开拓/领取市场准入				−3
ISO 认证投资/领取 ISO 资格				−2
结账				
现金收入合计	36	0	20	20
现金支出合计	13	16	15	27
期末现金对账（请填余额）	66	50	55	48

表 3−69   D 公司第 2 年订单登记表

订单号									合计
市场	本地								
产品	P1								
数量	6								
账期	2								
销售额	29								29
成本	12								12
毛利	17								17
交货季	3Q								

表 3 - 70　　　　　　　　　　　**D 公司第 3 年运营流程表**

年度规划（年初现金）	48			
应收账款贴现（贴现得/贴现息）	×			
参加订货会/登记销售订单/支付广告费	- 10			
更新长期贷款/归还长贷本金/支付长贷利息	- 28			
申请新长期贷款	40			
支付应付税	0			
季初现金盘点（请填余额）	50	68	54	42
更新短期贷款/还本付息	√	√	- 21	- 21
申请短期贷款	×	×	20	40
更新高利贷/还本付息	×	×	×	×
申请新高利贷	×	×	×	×
出售厂房/购买厂房/支付厂房租金	×	×	×	×
应收账款贴现（贴现得/贴现息）	×	×	×	×
原材料入库/更新原料订单	- 2	- 3	- 10	- 5
下原料订单	√	√	√	√
更新生产/完工入库	√	√	√	√
投资新生产线/变卖生产线/生产线转产	- 5	- 6	- 6	- 6
开始下一批生产	- 1	- 2	- 4	- 2
现金余额	42	57	33	48
更新应收款/应收款收现	29	√	10	√
按订单交货（"订单登记表"同步记录交货季）	√	×	√	√
应收账款贴现（贴现得/贴现息）	×	×	×	×
产品研发投资/领取生产许可	- 2	- 2	0	0
支付行政管理费	- 1	- 1	- 1	- 1
支付设备维护费				- 5
订单违约罚金				0
计提折旧				(0)
新市场开拓/领取市场准入				- 1
ISO 认证投资/领取 ISO 资格				- 1
结账				
现金收入合计	29	0	30	40
现金支出合计	11	14	42	42
期末现金对账（请填余额）	68	54	42	40

表 3 -71   D 公司第 3 年订单登记表

订单号									合计
市场	本地	国内	国内						
产品	P1	P1	P2						
数量	2	3	3						
账期	2	3	3						
销售额	10	16	25						51
成本	4	6	9						19
毛利	6	10	16						32
交货季	1Q	3Q	2Q						

表 3 -72   D 公司第 4 年运营流程表

年度规划（年初现金）	40			
应收账款贴现（贴现得/贴现息）	×			
参加订货会/登记销售订单/支付广告费	-10			
更新长期贷款/归还长贷本金/支付长贷利息	-30			
申请新长期贷款	20			
支付应付税	×			
季初现金盘点（请填余额）	20	0	43	87
更新短期贷款/还本付息	√	√	-21	-42
申请短期贷款	×	40	20	×
更新高利贷/还本付息	×	×	×	×
申请新高利贷	×	×	×	×
出售厂房/购买厂房/支付厂房租金	×	×	×	×
应收账款贴现（贴现得/贴现息）	×	×	×	×
原材料入库/更新原料订单	-10	-11	-7	-8
下原料订单	√	√	√	√
更新生产/完工入库	√	√	√	√
投资新生产线/变卖生产线/生产线转产	-5	-6	-6	-6
开始下一批生产	-4	-4	-4	-4
现金余额	1	19	25	27
更新应收款/应收款收现	√	25	63	17
按订单交货（"订单登记表"同步记录交货季）	√	√	√	√

续表

应收账款贴现（贴现得/贴现息）	×	×	×	×
产品研发投资/领取生产许可	×	×	×	×
支付行政管理费	−1	−1	−1	−1
支付设备维护费				−5
订单违约罚金				×
计提折旧				（12）
新市场开拓/领取市场准入				−1
ISO 认证投资/领取 ISO 资格				−1
结账				
现金收入合计	0	65	83	17
现金支出合计	20	22	39	68
期末现金对账（请填余额）	0	43	87	36

表 3 −73　　　　　　　　　D 公司第 4 年订单登记表

订单号										合计
市场	本地	本地	本地	本地	国内	国内				
产品	P1	P2	P2	P3	P2	P3				
数量	2	3	2	2	5	3				
账期	2	2	2	2	3	3				
销售额	9	27	17	20	39	24				136
成本	4	9	6	8	15	12				54
毛利	5	18	11	12	24	12				82
交货季	Q4	Q3	Q2	Q1	Q4	Q3				

表 3 −74　　　　　　　　　D 公司第 5 年运营流程表

年度规划（年初现金）	36			
应收账款贴现（贴现得/贴现息）	×			
参加订货会/登记销售订单/支付广告费	−10			
更新长期贷款/归还长贷本金/支付长贷利息	−10			
申请新长期贷款	×			
支付应付税	−2			
季初现金盘点（请填余额）	14	52	93	89

续表

更新短期贷款/还本付息	√	−42	−21	√
申请短期贷款	60	40	×	×
更新高利贷/还本付息	×	×	×	×
申请新高利贷	×	×	×	×
出售厂房/购买厂房/支付厂房租金	×	×	×	×
应收账款贴现（贴现得/贴现息）	×	×	×	×
原材料入库/更新原料订单	−14	−14	−12	−8
下原料订单	√	√	√	√
更新生产/完工入库	√	√	√	√
投资新生产线/变卖生产线/生产线转产	−2	−4	−4	−4
开始下一批生产	−5	−4	−5	−4
现金余额	53	28	51	73
更新应收款/应收款收现	√	66	39	√
按订单交货（"订单登记表"同步记录交货季）	√	√	√	√
应收账款贴现（贴现得/贴现息）	×	×	×	×
产品研发投资/领取生产许可	×	×	×	×
支付行政管理费	−1	−1	−1	−1
支付设备维护费				−5
订单违约罚金				×
计提折旧				(16)
新市场开拓/领取市场准入				×
ISO认证投资/领取 ISO 资格				×
结账				
现金收入合计	60	106	39	0
现金支出合计	22	65	43	28
期末现金对账（请填余额）	52	93	89	67

表 3 – 75　　　　　　　　　　D 公司第 5 年订单登记表

订单号										合计
市场	本地	国内	国内	国内	国内	国内	亚洲			
产品	P3	P1	P2	P2	P3	P3	P2			
数量	2	2	4	2	3	3	3			

续表

订单号								合计
账期	1	2	3	1	3	2	3	
销售额	18	9	27	15	23	26	21	139
成本	8	4	12	6	12	12	9	63
毛利	10	5	15	9	11	14	12	76
交货季	Q1	Q4	Q3	Q1	Q2	Q4	4	

表 3-76　　　　D 公司第 6 年运营流程表

年度规划（年初现金）	67			
应收账款贴现（贴现得/贴现息）	×			
参加订货会/登记销售订单/支付广告费	-10			
更新长期贷款/归还长贷本金/支付长贷利息	-10			
申请新长期贷款	80			
支付应付税	-7			
季初现金盘点（请填余额）	120	63	63	80
更新短期贷款/还本付息	-63	-42	×	×
申请短期贷款	×	×	×	×
更新高利贷/还本付息	×	×	×	×
申请新高利贷	×	×	×	×
出售厂房/购买厂房/支付厂房租金	×	×	×	×
应收账款贴现（贴现得/贴现息）	×	×	×	×
原材料入库/更新原料订单	-11	-14	-8	0
下原料订单	√	√	×	×
更新生产/完工入库	√	√	√	√
投资新生产线/变卖生产线/生产线转产	×	×	×	×
开始下一批生产	-5	-5	-5	0
现金余额	41	2	50	80
更新应收款/应收款收现	23	62	31	40
按订单交货（"订单登记表"同步记录交货季）	√	√	√	√
应收账款贴现（贴现得/贴现息）	×	×	×	×
产品研发投资/领取生产许可	×	×	×	×
支付行政管理费	-1	-1	-1	-1

续表

支付设备维护费				−6
订单违约罚金				×
计提折旧				(13)
新市场开拓/领取市场准入				×
ISO 认证投资/领取 ISO 资格				×
结账				×
现金收入合计	23	62	31	40
现金支出合计	80	62	14	−7
期末现金对账（请填余额）	63	63	80	113

表 3 −77　　　　　　　　　　　　D 公司第 6 年订单登记表

订单号										合计
市场	本地	区域	国内	国内	国内	国内	亚洲	亚洲		
产品	P3	P3	P2	P2	P3	P3	P2	P3		
数量	3	1	3	3	3	1	3	3		
账期	3	1	3	2	3	1	3	3		
销售额	30	10	18	17	28	10	20	29		162
成本	12	4	9	9	12	4	9	12		71
毛利	18	6	9	8	16	6	11	17		91
交货季	Q1	Q2	Q3	Q4	Q4	Q3	Q2	Q3		

3.5.2　D 公司财务报表

财务报表包括产品销售汇总统计表（见表 3 −78）、综合费用明细表（见表 3 −79）、利润表（见表 3 −80）、资产负债表（见表 3 −81）。

表 3 −78　　　　　　　　　　D 公司产品销售汇总统计表

年份	P1			P2			P3			P4		
	收入	数量	成本	收入	数量	成本	收入	数量	成本	收入	数量	成本
1	36	7	14	0	0	0	0	0	0	0	0	0
2	29	6	12	0	0	0	0	0	0	0	0	0
3	26	5	10	25	3	9	0	0	0	0	0	0

年份	P1			P2			P3			P4		
	收入	数量	成本	收入	数量	成本	收入	数量	成本	收入	数量	成本
4	9	2	4	83	10	30	44	5	20	0	0	0
5	9	2	4	63	9	27	67	8	32	0	0	0
6	0	0	0	55	9	27	107	11	44	0	0	0

表 3 - 79　　　　　　　　　　　　D 公司综合费用明细表

年份	管理费	广告费	设备维护	厂房租金	转产费	市场开拓	ISO 认证	产品研发	其他	总计
1	4	13	4			1	2	4		28
2	4	1	3			3	2	10		23
3	4	10	5			1		4		24
4	4	10	5			1	1			21
5	4	10	5							19
6	4	10	6							20

表 3 - 80　　　　　　　　　　　　D 公司利润表

项　　　目	第 1 年	第 2 年	第 3 年	第 4 年	第 5 年	第 6 年
销售收入	36	29	51	136	139	162
直接成本	14	12	19	54	63	71
毛利	22	17	32	82	76	91
综合费用	28	23	24	21	19	20
折旧前利润	- 6	- 6	8	61	57	71
折旧	4			12	16	17
息前利润	- 10	- 6	8	49	41	54
财务收/支	4	4	10	13	13	15
额外收/支						
税前利润	- 14	- 10	- 2	36	28	39
税				2	7	9
净利润	- 14	- 10	- 2	34	21	30

表 3 –81　　　　　　　　　　　　　D 公司资产负债表

资　　产							负债 + 权益						
流动资产	第1年	第2年	第3年	第4年	第5年	第6年	负债	第1年	第2年	第3年	第4年	第5年	第6年
现金	8	48	40	36	67	113	长期负债	40	60	80	100	100	180
应收	36	29	41	72	106	112	短期负债		40	60	60	100	
在制品	8	7	15	16	18		应付款						
产成品	4	4	7	4			应缴税	0	0	0	2	7	9
原材料	1				5		1 年期长贷		20	20			
流动合计	57	88	103	128	196	225	负债合计	40	120	160	162	207	189
固定资产							权　　益						
土地和建筑	40	40	40	40	40	40	股东资本	60	60	60	60	60	60
机器设备	5	4	43	54	60	59	利润留存	16	2	– 8	– 10	24	45
在建工程		40	24	24	16		年度利润	– 14	– 10	– 2	34	21	30
固定合计	45	84	107	118	116	99	权益小计	62	52	50	84	105	135
资产总计	102	172	210	246	312	324	负债权益总计	102	172	210	246	312	324

3.5.3　D 公司经营策略分析

D 公司经过 6 年的经营，所有者权益为 135M，排名第三，考虑企业未来发展能力，折合成相关系数，计算得出总分为 405，最终排名第一。D 公司采取的是激进但不冒进的经营策略，合理预算资金，大胆开发产品和市场，及时扩大产能，通过科学的营销策略，及时销售产品，增加收入，增加利润，取得了比较好的市场效果，最终取得了成功。其销售收入、毛利和净利润情见图 3 – 10。

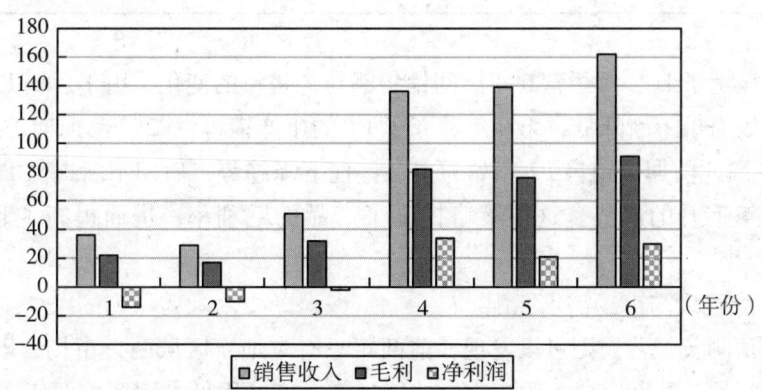

图 3 –10　D 公司销售收入、毛利、净利润

从图 3-10 可以看出，D 公司在前三年的销售收入虽然不低，但前期的各项投资较大，净利润为负数。从第 4 年开始，D 公司的销售收入、毛利、净利润一直处于比较稳定的状态，说明其进入良性发展轨道。下面，我们分析 D 公司经营的成功之处。

（1）产品研发、生产、销售与产品周期匹配。

公司的整体战略是主要生产销售 P2、P3，完全放弃 P4，开拓了区域、国内、亚洲市场，放弃国际市场，同时申请了 ISO9000、ISO14000 认证。

通过表 3-82 可以看到，D 公司在第 1 年 1 季度开始研发 P2 产品，在第 2 年 2 季度研发完毕，第 3 季度可以上线生产。通过分析市场预测可以发现，P2 产品第 2～第 4 年价格高，毛利率高，之后逐渐下降，因此在这个时段研发、销售 P2 是非常合理的。D 公司在第 2 年 3 季度开始研发 P3 产品，第 3 年 4 季度研发完毕，第 4 年 1 季度可以上线生产。而 P3 产品在第 2 和第 3 年相对于 P2 产品毛利率低，第 4 年后持续上升，因此在这个时段研发、销售 P3 是非常合理的。D 公司首先研发 P2 产品，推迟了 P3 产品的研发时间，这与产品的价格变动趋势是非常一致的，可见 D 公司对市场预测进行了深入的分析。

表 3-82　　　　　　　　　　　D 公司无形资产投资方案

项　　目		第 1 年	第 2 年	第 3 年	第 4 年	第 5 年	第 6 年
产品研发	P2	4	2				
	P3		8	4			
市场开发	区域		1				
	国内	1	1				
	亚洲		1	1	1		
	国际						
ISO 认证	9K	1	1				
	14K	1	1		1		

图 3-11 显示了 D 公司经营 6 年期间销售额与销售量的变化。由于后期 P1 产品毛利率不断下降，市场需求不断降低，第 6 年放弃了 P1 的生产销售；P2 产品前期毛利率高于 P3，后期低于 P3，因此前期以销售 P2 产品为主，呈现下降趋势；后期不断提高 P3 产品的销售量，呈现了逐年上升的趋势。这种策略提高了产品的毛利率，进而提高了利润与所有者权益。

（2）生产线建设与市场需求匹配。

根据市场预测及经营规则可以发现，前两年只有本地、区域两个市场，P2、P3 产品研发最早在第 2 年的 2 季度完成，第 3 季度才能生产，产能很低，因此前两年主要是 P1 的本地、区域市场订单，市场需求小，竞争激烈。D 公司并未在第 1 年建设生产线，现有产能

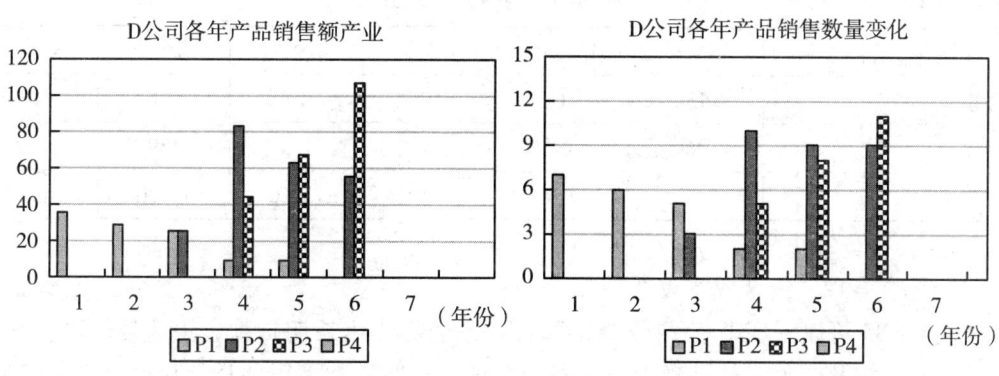

图 3-11　D 公司产品销售变化情况

已经能够满足市场需求。

　　第 3 年有本地、区域、国内三个市场，大部分公司 P2、P3 也已研发完毕，第 3 年的市场需求显著提高，市场和产品的丰富导致竞争程度降低。表 3-83 显示 D 公司在第 2 年建设了一条 P2 全自动生产线，一条 P3 全自动生产线，一条 P2 半自动生产线，并淘汰了一条手工线，这些生产线于第 3 年初建设完成，进行生产。第 5 年建设了一条 P3 全自动生产线，进一步扩大了产能。

表 3-83　　　　　　　　　　D 公司生产线投资情况

生产线	第 2 年				第 3 年				第 4 年				第 5 年			
	1 季	2 季	3 季	4 季	1 季	2 季	3 季	4 季	1 季	2 季	3 季	4 季	1 季	2 季	3 季	4 季
半自动			4	4												
全自动	8	8	8	8									4	4	4	4
柔性					6	6	6	6	6	6	6	6				

　　D 公司生产线投资也存在一些问题，第 3 年、第 4 年建设了两条柔性线，增加了产能与生产的灵活性。柔性线相对于全自动线产能一样，但是初始投资高，每条 24M，比全自动线多 8M，造成了大量的资金占用；折旧费用高，折旧逐年为 8M、5M、3M、2M，全自动线为 5M、3M、2M、2M，折旧共多提 6M，抵减了利润。一般而言，如果生产计划合理，一条柔性线就足以解决订单的不确定性问题。D 公司如果少建设一条柔性线，所有者权益将会更高。

　　（3）广告费投入合理。

　　由表 3-84 可知，D 公司经营 6 年累计广告投入产出为 10.24，仅比排名第一的公司少 0.02，即 1M 广告费获得的销售收入为 10.24，整体比较理想。第 1 年以 13M 的广告费拿到了最大的一张订单，成为本地市场老大，第 2 年仅以 1M 的广告费获得了 29M 的订单，极大地提高了广告费的使用效率。

表 3 – 84　　　　　　　　　　　D 公司广告投入产出

项　　目	第 1 年	第 2 年	第 3 年	第 4 年	第 5 年	第 6 年
广告投入	13	1	10	10	10	10
销售收入	36	29	51	136	139	162
投入产出比	2.77	29.00	5.10	13.60	13.90	16.20

（4）筹资合理，资金成本较低。

从表 3 – 85 可以发现 D 公司资金预算合理，全部使用长期贷款、短期贷款进行融资，并未借入高利贷及应收账款贴现，财务费用合理。长期贷款、短期贷款比例合理，长期投资使用长期贷款，虽然资金成本高，但还款压力小；日常经营资金使用短期贷款，资金成本低，投资短期内即可收回。由于前两年收入情况理想，尽管进行了包括产品研发、市场开拓、ISO 认证等投资，综合费用较高，但所有者权益并未急速下降，长短期贷款的额度一直保持在比较高的水平，公司并未出现资金短缺，为各项经营策略的顺利进行提供了保障。

表 3 – 85　　　　　　　　　　　D 公司筹资情况

项　　目	第 1 年	第 2 年	第 3 年	第 4 年	第 5 年	第 6 年
借入长期贷款		40	40	20		80
借入短期贷款		40	60	60	100	

D 公司在原材料采购计划方面还有提升的空间，第 1 年、第 5 年年末原材料的价值分别为 1M、5M，没有实现完全的零库存管理，增加了资金的占用。

3.6　E 公司经营流程及策略分析

3.6.1　E 公司运营情况记录

E 公司第 1 年 ~ 第 6 年运营流程表和订单登记表见表 3 – 86 ~ 表 3 – 97。

表 3 – 86　　　　　　　　　　　E 组第 1 年运营流程表

年度规划（年初现金）	52			
应收账款贴现（贴现得/贴现息）	×			
参加订货会/登记销售订单/支付广告费	−5			
更新长期贷款/归还长贷本金/支付长贷利息	−4			
申请新长期贷款	×			

续表

支付应付税	-1			
季初现金盘点（请填余额）	42	36	31	20
更新短期贷款/还本付息	×	×	×	20
申请短期贷款	×	×	×	×
更新高利贷/还本付息	×	×	×	×
申请新高利贷	×	×	×	×
出售厂房/购买厂房/支付厂房租金	×	×	×	×
应收账款贴现（贴现得/贴现息）	×	×	×	×
原材料入库/更新原料订单	-1	0	0	0
下原料订单	×	×	×	×
更新生产/完工入库	√	√	√	√
投资新生产线/变卖生产线/生产线转产	-4 +1	-4 +1	-8	-8
开始下一批生产	×	×	-1	×
现金余额	38	33	22	32
更新应收款/应收款收现	√	√	√	√
按订单交货（"订单登记表"同步记录交货季）	√	×	×	×
应收账款贴现（贴现得/贴现息）	×	×	×	×
产品研发投资/领取生产许可	-1	-1	-1	-1
支付行政管理费	-1	-1		-1
支付设备维护费				-2
订单违约罚金				0
计提折旧				(4)
新市场开拓/领取市场准入				-1
ISO 认证投资/领取 ISO 资格				0
结账				
现金收入合计	1	1	0	20
现金支出合计	7	6	11	13
期末现金对账（请填余额）	36	31	20	27

表 3 – 87　　　　　　　　　　　E 组第 1 年订单登记表

订单号										合计
市场	本地									
产品	P1									
数量	1									
账期	4									
销售额	6									6
成本	2									2
毛利	4									4
交货季	Q1									

表 3 – 88　　　　　　　　　　　E 组第 2 年运营流程表

年度规划（年初现金）	27			
应收账款贴现（贴现得/贴现息）	×			
参加订货会/登记销售订单/支付广告费	-23			
更新长期贷款/归还长贷本金/支付长贷利息	-4			
申请新长期贷款	60			
支付应付税	×			
季初现金盘点（请填余额）	60	63	78	79
更新短期贷款/还本付息	√	√	√	-21
申请短期贷款	×	×	×	×
更新高利贷/还本付息	×	×	×	×
申请新高利贷	×	×	×	×
出售厂房/购买厂房/支付厂房租金	×	×	×	×
应收账款贴现（贴现得/贴现息）	×	×	×	×
原材料入库/更新原料订单	0	-1	-4	-2
下原料订单	√	√	√	√
更新生产/完工入库	√	√	√	√
投资新生产线/变卖生产线/生产线转产	√	√	√	√
开始下一批生产	-1	-1	-3	-1
现金余额	59	61	71	55
更新应收款/应收款收现	6	19	9	0
按订单交货（"订单登记表"同步记录交货季）		√	×	×	×

续表

应收账款贴现（贴现得/贴现息）	×	×	×	×
产品研发投资/领取生产许可	−1	−1	0	0
支付行政管理费	−1	−1	−1	−1
支付设备维护费				−4
订单违约罚金				0
计提折旧				(0)
新市场开拓/领取市场准入				−1
ISO 认证投资/领取 ISO 资格				−1
结账				
现金收入合计	6	19	9	0
现金支出合计	3	4	8	31
期末现金对账（请填余额）	63	78	79	48

表 3 −89　　　　　　　　　E 组第 2 年订单登记表

订单号									合计
市场	本地	区域							
产品	P1	P1							
数量	4	2							
账期	1	2							
销售额	19	9							28
成本	8	4							12
毛利	11	5							16
交货季	Q1	Q2							

表 3 −90　　　　　　　　　E 组第 3 年运营流程表

年度规划（年初现金）	48			
应收账款贴现（贴现得/贴现息）	×			
参加订货会/登记销售订单/支付广告费	−7			
更新长期贷款/归还长贷本金/支付长贷利息	−30			
申请新长期贷款	×			

续表

支付应付税	×			
季初现金盘点（请填余额）	11	16	28	30
更新短期贷款/还本付息	√	√	√	√
申请短期贷款	20	20	×	×
更新高利贷/还本付息	×	×	×	×
申请新高利贷	×	×	×	×
出售厂房/购买厂房/支付厂房租金	×	×	×	×
应收账款贴现（贴现得/贴现息）	×	×	×	×
原材料入库/更新原料订单	-6	-2	-5	-3
下原料订单	√	√	√	√
更新生产/完工入库	√	√	√	√
投资新生产线/变卖生产线/生产线转产	-4	-4	-4	-4
开始下一批生产	-4	-1	-3	-2
现金余额	17	29	16	21
更新应收款/应收款收现	√	√	15	41
按订单交货（"订单登记表"同步记录交货季）	√	×	√	√
应收账款贴现（贴现得/贴现息）	×	×	×	×
产品研发投资/领取生产许可	×	×	×	×
支付行政管理费	-1	-1	-1	-1
支付设备维护费				-4
订单违约罚金				×
计提折旧				(7)
新市场开拓/领取市场准入				-1
ISO 认证投资/领取 ISO 资格				-1
结账				×
现金收入合计	20	20	15	41
现金支出合计	15	8	13	16
期末现金对账（请填余额）	16	28	30	55

表 3 - 91　　　　　　　　　　　　E 组第 3 年订单登记表

订单号									合计
市场	本地	本地	本地	区域	区域				
产品	P1	P2	P2	P2	P1				
数量	3	3	2	2	2				
账期	2	3	1	1	3				
销售额	15	24	17	16	10				82
成本	6	9	6	6	4				31
毛利	9	15	11	10	6				51
交货季	Q1	Q1	Q3	Q4	Q4				

表 3 - 92　　　　　　　　　　　　E 组第 4 年运营流程表

年度规划（年初现金）	55			
应收账款贴现（贴现得/贴现息）	×			
参加订货会/登记销售订单/支付广告费	- 7			
更新长期贷款/归还长贷本金/支付长贷利息	- 28			
申请新长期贷款	×			
支付应付税	×			
季初现金盘点（请填余额）	20	44	31	26
更新短期贷款/还本付息	√	- 21	- 21	√
申请短期贷款	20	20	20	×
更新高利贷/还本付息	×	×	×	×
申请新高利贷	×	×	×	×
出售厂房/购买厂房/支付厂房租金	×	×	×	×
应收账款贴现（贴现得/贴现息）	×	×	×	×
原材料入库/更新原料订单	- 6	- 6	- 7	- 6
下原料订单	√	√	√	√
更新生产/完工入库	√	√	√	√
投资新生产线/变卖生产线/生产线转产	√	×	×	×
开始下一批生产	- 3	- 3	- 4	- 3

续表

现金余额	31	34	19	17
更新应收款/应收款收现	16	√	10	43
按订单交货（"订单登记表"同步记录交货季）	×	√	√	√
应收账款贴现（贴现得/贴现息）	×	×	×	×
产品研发投资/领取生产许可	−2	−2	−2	−2
支付行政管理费	−1	−1	−1	−1
支付设备维护费				−5
订单违约罚金				0
计提折旧				(5)
新市场开拓/领取市场准入				×
ISO 认证投资/领取 ISO 资格				×
结账				
现金收入合计	36	20	30	43
现金支出合计	12	33	35	17
期末现金对账（请填余额）	44	31	26	52

表 3 − 93　　　　　　　　　　E 组第 4 年订单登记表

订单号									合计
市场	本地	本地	区域	国内					
产品	P1	P2	P2	P2					
数量	3	3	4	3					
账期	1	2	2	3					
销售额	13	25	30	26					94
成本	6	9	12	9					36
毛利	7	16	18	17					58
交货季	Q3	Q3	Q2	Q4					

表 3 – 94　　　　　　　　　　E 组第 5 年运营流程表

年度规划（年初现金）	52			
应收账款贴现（贴现得/贴现息）	×			
参加订货会/登记销售订单/支付广告费	–4			
更新长期贷款/归还长贷本金/支付长贷利息	–6			
申请新长期贷款	40			
支付应付税	×			
季初现金盘点（请填余额）	82	70	47	35
更新短期贷款/还本付息	–21	–21	–21	×
申请短期贷款	×	×	×	×
更新高利贷/还本付息	√	√	√	√
申请新高利贷	√	√	√	√
出售厂房/购买厂房/支付厂房租金	√	√	√	√
应收账款贴现（贴现得/贴现息）	√	√	√	√
原材料入库/更新原料订单	–6	–6	–12	–6
下原料订单	√	√	√	√
更新生产/完工入库	√	√	√	√
投资新生产线/变卖生产线/生产线转产	–4	–4	×	×
开始下一批生产	–3	–2	–4	–3
现金余额	48	37	10	26
更新应收款/应收款收现	25	13	26	31
按订单交货（"订单登记表"同步记录交货季）	√	√	×	√
应收账款贴现（贴现得/贴现息）	×	×	×	×
产品研发投资/领取生产许可	–2	–2	0	0
支付行政管理费	–1	–1	–1	–1
支付设备维护费				–6
订单违约罚金				×
计提折旧				(10)
新市场开拓/领取市场准入				×
ISO 认证投资/领取 ISO 资格				×
结账				
现金收入合计	25	13	26	31
现金支出合计	37	36	38	16
期末现金对账（请填余额）	70	47	35	50

表 3 – 95　　　　　　　　　　　E 组第 5 年订单登记表

订单号								合计
市场	本地	区域	国内	国内				
产品	P2	P2	P2	P3				
数量	4	2	2	2				
账期	2	1	2	2				
销售额	31	13	14	16				74
成本	12	6	6	8				32
毛利	19	7	8	8				42
交货季	Q2	Q1	Q4	Q4				

表 3 – 96　　　　　　　　　　　E 组第 6 年运营流程表

年度规划（年初现金）	50			
应收账款贴现（贴现得/贴现息）	×			
参加订货会/登记销售订单/支付广告费	– 8			
更新长期贷款/归还长贷本金/支付长贷利息	– 10			
申请新长期贷款	×			
支付应付税	×			
季初现金盘点（请填余额）	32	12	41	25
更新短期贷款/还本付息	×	×	×	×
申请短期贷款	×	×	×	×
更新高利贷/还本付息	×	×	×	×
申请新高利贷	×	×	×	×
出售厂房/购买厂房/支付厂房租金	×	×	×	×
应收账款贴现（贴现得/贴现息）	×	×	×	×
原材料入库/更新原料订单	– 14	– 8	– 11	– 11
下原料订单	√	√	√	×
更新生产/完工入库	√	√	√	√
投资新生产线/变卖生产线/生产线转产	√	√	√	√
开始下一批生产	– 5	– 3	– 4	– 4
现金余额	13	1	26	10

续表

更新应收款/应收款收现	0	41	0	79
按订单交货（"订单登记表"同步记录交货季）	√	√	√	√
应收账款贴现（贴现得/贴现息）	×	×	×	×
产品研发投资/领取生产许可	×	×	×	×
支付行政管理费	−1	−1	−1	−1
支付设备维护费				−6
订单违约罚金				×
计提折旧				(8)
新市场开拓/领取市场准入				×
ISO 认证投资/领取 ISO 资格				×
结账				82
现金收入合计	0	41	0	79
现金支出合计	20	12	16	22
期末现金对账（请填余额）	12	41	25	82

表 3 – 97　　　　　　　　　　E 组第 6 年订单登记表

订单号										合计
市场	本地	国内	区域	本地	区域	国内				
产品	P2	P2	P1	P3	P3	P3				
数量	3	1	1	3	2	4				
账期	1	1	1	1	3	2				
销售额	19	6	5	28	19	32				109
成本	9	3	2	12	8	16				50
毛利	10	3	3	16	11	16				59
交货季	Q4	Q1	Q1	Q3	Q1	Q2				

3.6.2　E 公司财务报表

财务报表包括产品销售汇总统计表（表 3 – 98）、综合费用明细表（表 3 – 99）、利润表（表 3 – 100）、资产负债表（表 3 – 101）。

表 3 - 98　　　　　　　　　　E 公司产品销售汇总统计表

年份	P1			P2			P3			P4		
	收入	数量	成本	收入	数量	成本	收入	数量	成本	收入	数量	成本
1	6	1	2	0	0	0	0	0	0	0	0	0
2	28	6	12	0	0	0	0	0	0	0	0	0
3	25	5	10	57	7	21	0	0	0	0	0	0
4	13	3	6	81	10	30	0	0	0	0	0	0
5	0	0	0	58	8	24	16	2	8	0	0	0
6	5	1	2	25	4	12	79	9	36	0	0	0

表 3 - 99　　　　　　　　　　E 公司综合费用明细表

年份	管理费	广告费	设备维护	厂房租金	转产费	市场开拓	ISO 认证	产品研发	其他	总计
1	4	5	2			1		4		16
2	4	23	4			1	1	2		35
3	4	7	4			1	1			17
4	4	7	5					8		24
5	4	4	6					4		18
6	4	8	6							18

表 3 - 100　　　　　　　　　　E 公司利润表

项　　目	第 1 年	第 2 年	第 3 年	第 4 年	第 5 年	第 6 年
销售收入	6	28	82	94	74	109
直接成本	2	12	31	36	32	50
毛利	4	16	51	58	42	59
综合费用	16	35	17	24	18	18
折旧前利润	-12	-19	34	34	24	41
折旧	4		7	5	8	8
息前利润	-16	-19	27	29	16	33
财务收/支	4	5	10	10	9	10
额外收/支						
税前利润	-20	-24	17	19	7	23
税						5
净利润	-20	-24	17	19	7	18

表 3 – 101　　　　　　　　　　　　E 公司资产负债表

资产							负债 + 权益						
流动资产	第1年	第2年	第3年	第4年	第5年	第6年	负债	第1年	第2年	第3年	第4年	第5年	第6年
现金	27	48	55	52	50	82	长期负债	40	80	60	60	100	40
应收	6		26	51	30	19	短期负债	20		40	60		
在制品	2	10	10	14	22	22	应付款						
产成品	12	7	2		2	12	应缴税	0	0	0	0	0	5
原材料	2						1 年期长贷		20	20			60
流动合计	49	65	93	117	104	135	负债合计	60	100	120	120	100	105
固定资产							权益						
土地和建筑	40	40	40	40	40	40	股东资本	60	60	60	60	60	60
机器设备	3	27	20	31	31	23	利润留存	16	– 4	– 28	– 11	8	15
在建工程	24		16				年度利润	– 20	– 24	17	19	7	18
固定合计	67	67	76	71	71	63	权益小计	56	32	49	68	75	93
资产总计	116	132	169	188	175	198	负债权益总计	116	132	169	188	175	198

3.6.3　E 公司经营策略分析

E 公司经过 6 年经营以所有者权益 93M，总分 218.55 的成绩名列第五。根据利润表提供的数据，分析销售、毛利和净利润的变化情况，见图 3 – 12。可以发现，公司第 1 和第 2 年销售收入和毛利都很少，净利润为负。第 3 年开始，销售收入、毛利同步稳定增加，实现盈利。但是公司第 5 年收入、毛利都发生了很大程度的回落，第 6 年恢复平稳发展态势。

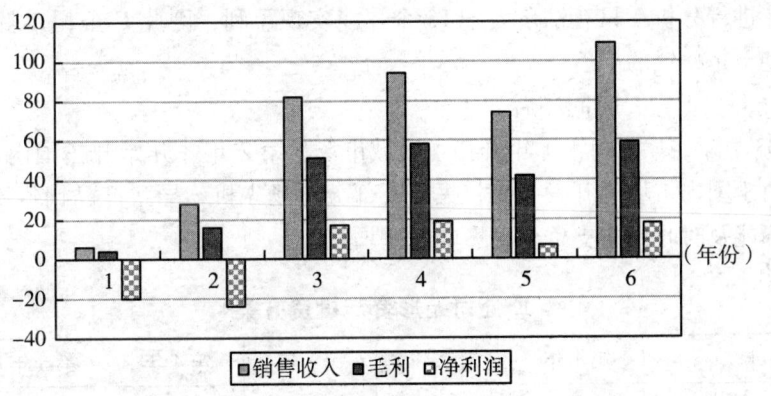

图 3 – 12　E 公司销售收入、毛利、净利润

E 公司第 3 年销售收入在所有小组中排名第一，并且获得了区域市场老大地位，发展势头良好，但是最终成绩却不理想。我们结合各项资料、数据，对公司的筹资、投资、生产等策略进行分析，找到导致其经营失败的原因。

（1）资金结构不甚合理。

企业要进行各种开发和投资，必须要有资金保证。经营过程中，E 公司采用两种筹资方式：长期贷款和短期贷款，并未发生高利贷和应收账款贴现，总体的资金控制尚可。从资产负债表和运营流程表统计，可知公司的举债筹资情况，见表 3－102。

表 3－102　　　　　　　　　　E 公司筹资情况

项　　　目	第 1 年	第 2 年	第 3 年	第 4 年	第 5 年	第 6 年
借入长期贷款		60			40	
借入短期贷款	20		40	60		

E 公司在第 1 年借入短期贷款 20M；第 2 年最大限度借入长期贷款 60M；第 3、第 4 年借入短期贷款，较好地解决了资金困难；第 5 年随着所有者权益的回升及第 3、第 4 年偿还长期贷款 40M，长期贷款的额度有所剩余，借入 40M 长期贷款；第 2、第 5 年、第 6 年均未借入短期贷款。

从筹集资金的结构来看，不是特别合理。一般而言，长期投资使用长期贷款，利率高，还款压力小；日常经营使用短期贷款，利率低，还款压力大。公司后期销售情况良好，还款资金来源稳定，并且资金耗用以日常经营为主，应通过合理计算规划，循环借入短期贷款，以较低的利率获得资金，从而降低资金成本。

（2）P3 产品研发过晚，入不敷出。

表 3－103 显示，E 公司产品研发逐步推进，第 1、第 2 年分别投入 4M、2M 开发 P2 产品，在第 2 年 2 季度开发完成，3 季投入生产。P3 产品在第 3 年 1 季度开始研发，第 4 年 2 季度完成，3 季度投入生产。但 P3 产品研发时间拖后，销量过低无法为企业带来利润。表 3－98 显示 P3 产品第 5 年销量为 2，第 6 年销量为 9，合计为 11。我们在第 5 章对 P3 产品的盈亏临界点进行分析，只有销量大于 16 个才能实现盈利，因此 E 公司单就 P3 产品而言并不赚钱，甚至是赔钱的。

（3）市场开发保守，时间滞后。

表 3－103 显示，E 公司第 1 年开拓了区域市场，第 2 年才开始开拓国内市场，第 3 年开拓完成。由于国内市场晚开发 1 年，失去了部分市场先机，导致产品销售不畅，P1 产品积压较多，不能及时收回垫支资金，影响利润增长。

表 3－103　　　　　　　　　　E 公司无形资产投资方案

项　　　目		第 1 年	第 2 年	第 3 年	第 4 年	第 5 年	第 6 年
产品研发	P2	4	2				
	P3				8	4	

续表

项　　目		第 1 年	第 2 年	第 3 年	第 4 年	第 5 年	第 6 年
市场开发	区域	1					
	国内		1	1			
	亚洲					·	
	国际						
ISO 认证	9K		1	1			
	14K						

（4）生产线建设与产品研发不同步。

从表 3 - 104 和运营流程表可以看出，E 公司在第 1 年变卖了两条手工生产线，新建了一条全自动生产线，一条半自动生产线。随后在资金充裕的情况下逐步建设生产线，第 3 年建设一条全自动线，第 5 年建设了一条半自动线，较好地缓解了资金的压力。

由于 P2 产品研发于第 2 年 2 季度完成，第 1 年建成的用于生产 P2 的两条生产线第 2 年 1 ~ 2 季度闲置，3 季度才能上线生产产品，生产线的投资时间与产品研发没有同步，过早建设生产线导致了资金的占用，提高了资金成本。

另外，我们在第 5 章中进行过测算，使用全自动生产线的性价比是最高的，因此在资金充裕的情况下应尽量建设全自动线。

表 3 - 104　　　　　　　　E 公司生产线投资情况

生产线	第 1 年				第 3 年				第 5 年			
	1 季	2 季	3 季	4 季	1 季	2 季	3 季	4 季	1 季	2 季	3 季	4 季
半自动			4	4								
全自动	4	4	4	4	4	4	4	4	4	4		

（5）广告费使用效率低。

从图 3 - 13 可以看出，在不同时期产品销售策略是不同的。第 1、第 2 年，由于其他产品无法销售，主要生产销售 P1 产品，第 3、第 4 年产品的重点是 P2，第 5、第 6 年产品重点转向 P3。

沙盘模拟中，企业的经营策略主要是围绕广告策略进行的。E 公司广告投入与销售收入情况见表 3 - 105，6 年累计广告投入产出比为 7.28，位列倒数第二，与前几名相差甚远。可以看出，前两年广告投入产出比较低，一方面是由于企业间产品销售竞争激烈；另一方面缘于广告费投放失误，第 2 年在没有进行合理测算的情况下，采用了非常激进的广告策略，盲目投入了 23M 广告费，只获得了 28M 销售收入，产品仍然积压。

后 4 年的广告策略又变得过于保守，虽然广告投入产出比较高，但由于广告费投入过低，第 5 年销售收入并不理想。尽管这几年并未满负荷生产，生产线时有闲置，仍有部分

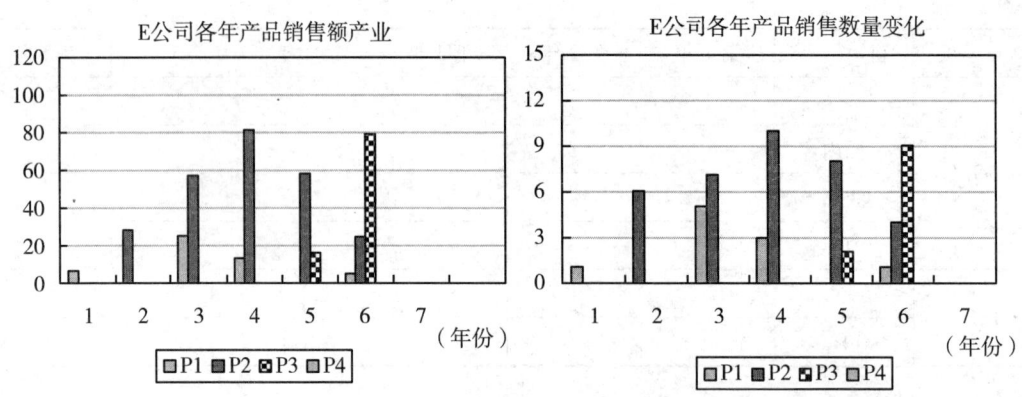

图 3 – 13　E 公司产品销售变化情况

产成品库存积压，截至第 6 年经营结束时价值 12M 的产成品尚未销售，导致垫支资金不能收回，产品无法转化为收入，严重影响了公司的发展。

表 3 – 105　　　　　　　　　　　　E 公司广告投入产出

项　　目	第 1 年	第 2 年	第 3 年	第 4 年	第 5 年	第 6 年
广告投入	5	23	7	7	4	8
销售收入	6	28	82	94	74	109
投入产出比	1.20	1.22	11.71	13.43	18.50	13.63

　　综上所述，E 公司由于广告费投放失误，生产线建设时点不当，P3 产品研发过晚等决策失误，逐渐丧失了第 3 年的领先优势，错失了快速发展的机会，最终名列第五位。

3.7　F 公司经营流程及策略分析

3.7.1　F 公司运营情况记录

　　F 公司第 1 年～第 6 年运营流程表和订单登记表见表 3 – 106～表 3 – 107。

表 3 – 106　　　　　　　　　　　F 组第 1 年运营流程表

年度规划（年初现金）	52			
应收账款贴现（贴现得/贴现息）	×			
参加订货会/登记销售订单/支付广告费	− 11			
更新长期贷款/归还长贷本金/支付长贷利息	− 4			

续表

申请新长期贷款	×			
支付应付税	−1			
季初现金盘点（请填余额）	36	28	36	27
更新短期贷款/还本付息	×	×	×	×
申请短期贷款	×	×	×	20
更新高利贷/还本付息	×	×	×	×
申请新高利贷	×	×	×	×
出售厂房/购买厂房/支付厂房租金	×	×	×	×
应收账款贴现（贴现得/贴现息）	×	×	×	×
原材料入库/更新原料订单	−1	×	−2	−1
下原料订单	×	2R1	1R1	2R1
更新生产/完工入库	√	√	√	√
投资新生产线/变卖生产线/生产线转产	−4	−4	−4	−4
开始下一批生产	−1	−2	−1	−2
现金余额	30	22	29	40
更新应收款/应收款收现	√	16	×	×
按订单交货（"订单登记表"同步记录交货季）	√	×	×	×
应收账款贴现（贴现得/贴现息）	×	×	×	×
产品研发投资/领取生产许可	−1	−1	−1	−1
支付行政管理费	−1	−1	−1	−1
支付设备维护费				−4
订单违约罚金				×
计提折旧				(4)
新市场开拓/领取市场准入				−4
ISO 认证投资/领取 ISO 资格				×
结账				×
现金收入合计	0	16	0	20
现金支出合计	8	8	9	17
期末现金对账（请填余额）	28	36	27	30

表 3 – 107　　　　　　　　　　F 组第 1 年订单登记表

订单号										合计
市场	本地									
产品	P1									
数量	3									
账期	1									
销售额	16									16
成本	6									6
毛利	9									9
交货季	1Q									

表 3 – 108　　　　　　　　　　F 组第 2 年运营流程表

年度规划（年初现金）	30			
应收账款贴现（贴现得/贴现息）	×			
参加订货会/登记销售订单/支付广告费	−7			
更新长期贷款/归还长贷本金/支付长贷利息	−4			
申请新长期贷款	60			
支付应付税	×			
季初现金盘点（请填余额）	79	77	70	71
更新短期贷款/还本付息	×	×	×	−21
申请短期贷款	×	×	×	20
更新高利贷/还本付息	×	×	×	×
申请新高利贷	×	×	×	×
出售厂房/购买厂房/支付厂房租金	×	×	×	×
应收账款贴现（贴现得/贴现息）	×	×	×	×
原材料入库/更新原料订单	−2	−2	−3	−3
下原料订单	2R1	2R2，1R1	2R1，1R2	4R1，3R2
更新生产/完工入库	√	√	√	√
投资新生产线/变卖生产线/生产线转产	×	×	×	×
开始下一批生产	−1	−1	−3	−2
现金余额	76	74	64	65
更新应收款/应收款收现	×	√	10	×
按订单交货（"订单登记表"同步记录交货季）	5	×	×	×

续表

应收账款贴现（贴现得/贴现息）	×	×	×	×
产品研发投资/领取生产许可	−3	−3	−2	−2
支付行政管理费	−1	−1	−1	−1
支付设备维护费				−5
订单违约罚金				×
计提折旧				(0)
新市场开拓/领取市场准入				−3
ISO 认证投资/领取 ISO 资格				−2
结账				×
现金收入合计	5	0	10	20
现金支出合计	7	7	9	39
期末现金对账（请填余额）	77	70	71	52

表 3 – 109　　　　　　　　　　　F 组第 2 年订单登记表

订单号									合计
市场	本地	区域							
产品	P1	P1							
数量	1	2							
账期	0	2							
销售额	5	10							15
成本	2	4							6
毛利	3	6							9
交货季									

表 3 – 110　　　　　　　　　　　F 组第 3 年运营流程表

年度规划（年初现金）	52			
应收账款贴现（贴现得/贴现息）	×			
参加订货会/登记销售订单/支付广告费	−11			
更新长期贷款/归还长贷本金/支付长贷利息	−30			
申请新长期贷款	×			
支付应付税	×			
季初现金盘点（请填余额）	11	18	13	45

续表

更新短期贷款/还本付息	20	0	0	-21
申请短期贷款	×	×	×	20
更新高利贷/还本付息	×	×	×	√
申请新高利贷	×	×	40	×
出售厂房/购买厂房/支付厂房租金	×	×	×	×
应收账款贴现（贴现得/贴现息）	×	×	×	×
原材料入库/更新原料订单	-7	-5	-5	-2
下原料订单	√	√	√	√
更新生产/完工入库	√	√	√	√
投资新生产线/变卖生产线/生产线转产	×	×	×	×
开始下一批生产	-3	-2	-2	-2
现金余额	21	11	46	40
更新应收款/应收款收现	×	5	×	16
按订单交货（"订单登记表"同步记录交货季）	√	√	√	×
应收账款贴现（贴现得/贴现息）	×	×	×	21/3
产品研发投资/领取生产许可	-2	-2	×	×
支付行政管理费	-1	-1	-1	-1
支付设备维护费				-5
订单违约罚金				×
计提折旧				(5)
新市场开拓/领取市场准入				-2
ISO 认证投资/领取 ISO 资格				×
结账				×
现金收入合计	20	5	40	57
现金支出合计	13	10	8	33
期末现金对账（请填余额）	18	13	45	69

表 3-111　　　　　　　　　F 组第 3 年订单登记表

订单号											合计
市场	区域	国内	国内								
产品	P1	P2	P2								
数量	1	4	2								

续表

订单号											合计
账期	1	2	2								
销售额	5	31	16								52
成本	2	12	6								20
毛利	3	19	10								32
交货季	Q1	Q3	Q2								

表 3－112　　　　　　　　　F 组第 4 年运营流程表

年度规划（年初现金）	69			
应收账款贴现（贴现得/贴现息）	×			
参加订货会/登记销售订单/支付广告费	−7			
更新长期贷款/归还长贷本金/支付长贷利息	−28			
申请新长期贷款	×			
支付应付税	×			
季初现金盘点（请填余额）	34	44	55	22
更新短期贷款/还本付息	−21	×	×	−21
申请短期贷款	×	×	×	20
更新高利贷/还本付息	×	×	−48	√
申请新高利贷	×	×	20	×
出售厂房/购买厂房/支付厂房租金	×	×	×	×
应收账款贴现（贴现得/贴现息）	×	×	×	×
原材料入库/更新原料订单	−7	−6	−5	0
下原料订单	√	√	×	√
更新生产/完工入库	√	√	√	√
投资新生产线/变卖生产线/生产线转产	×	×	×	×
开始下一批生产	−3	−2	−2	−1
现金余额	3	36	20	20
更新应收款/应收款收现	7	20	3	17
按订单交货（"订单登记表"同步记录交货季）	√	×	√	√
应收账款贴现（贴现得/贴现息）	35/5	×	×	×
产品研发投资/领取生产许可	×	×	×	×
支付行政管理费	−1	−1	−1	−1

续表

支付设备维护费				- 5
订单违约罚金				×
计提折旧				(3)
新市场开拓/领取市场准入				- 1
ISO 认证投资/领取 ISO 资格				- 1
结账				
现金收入合计	42	20	23	37
现金支出合计	32	9	56	30
期末现金对账（请填余额）	44	55	22	29

表 3 –113　　　　　　　　　　　F 组第 4 年订单登记表

订单号										合计
市场	国内	国内	国内	亚洲	亚洲	亚洲				
产品	P1	P2	P3	P1	P1	P2				
数量	5	3	2	2	3	5				
账期	1	2	1	2	2	2				
销售额	20	24	17	8	11	30				110
成本	10	9	8	4	6	15				52
毛利	10	15	9	4	5	15				58
交货季	Q1	Q1	Q3	Q1	Q1	Q4				

表 3 –114　　　　　　　　　　　F 组第 5 年运营流程表

年度规划（年初现金）	29			
应收账款贴现（贴现得/贴现息）	0			
参加订货会/登记销售订单/支付广告费	- 2			
更新长期贷款/归还长贷本金/支付长贷利息	- 6			
申请新长期贷款	×			
支付应付税	×			
季初现金盘点（请填余额）	21	13	37	9
更新短期贷款/还本付息	- 21	×	×	×
申请短期贷款	20	×	×	20
更新高利贷/还本付息	√	√	- 24	×

续表

申请新高利贷	×	×	×	×
出售厂房/购买厂房/支付厂房租金	×	×	×	×
应收账款贴现（贴现得/贴现息）	×	×	×	×
原材料入库/更新原料订单	− 4	− 4	− 3	− 6
下原料订单	√	√	√	√
更新生产/完工入库	√	√	√	√
投资新生产线/变卖生产线/生产线转产	×	×	1	×
开始下一批生产	− 2	− 1	− 1	− 3
现金余额	14	8	10	20
更新应收款/应收款收现	×	30	×	20
按订单交货（"订单登记表"同步记录交货季）	×	√	√	√
应收账款贴现（贴现得/贴现息）	×	×	×	×
产品研发投资/领取生产许可	×	×	×	×
支付行政管理费	− 1	− 1	− 1	− 1
支付设备维护费				− 4
订单违约罚金				×
计提折旧				(2)
新市场开拓/领取市场准入				×
ISO 认证投资/领取 ISO 资格				×
结账				
现金收入合计	20	30	1	40
现金支出合计	28	6	29	14
期末现金对账（请填余额）	13	37	9	35

表 3 – 115　　　　　　　　　F 组第 5 年订单登记表

订单号								合计
市场	亚洲	国际						
产品	P3	P2						
数量	2	3						
账期	1	2						
销售额	19	20						39
成本	8	9						17
毛利	11	11						22
交货季	Q4	Q2						

表 3 –116　　　　　　　　F 组第 6 年运营流程表

年度规划（年初现金）	35			
应收账款贴现（贴现得/贴现息）	×			
参加订货会/登记销售订单/支付广告费	– 3			
更新长期贷款/归还长贷本金/支付长贷利息	– 6			
申请新长期贷款	×			
支付应付税	×			
季初现金盘点（请填余额）	26	34	31	30
更新短期贷款/还本付息	– 21	×	×	– 21
申请短期贷款	20	×	×	×
更新高利贷/还本付息	×	×	×	×
申请新高利贷	×	×	×	×
出售厂房/购买厂房/支付厂房租金	×	×	×	×
应收账款贴现（贴现得/贴现息）	×	×	×	×
原材料入库/更新原料订单	– 7	– 1	×	×
下原料订单	×	×	×	×
更新生产/完工入库	√	√	√	√
投资新生产线/变卖生产线/生产线转产	×	×	×	×
开始下一批生产	– 2	– 1	×	×
现金余额	16	32	31	9
更新应收款/应收款收现	19	√	√	20
按订单交货（"订单登记表"同步记录交货季）	×	√	√	×
应收账款贴现（贴现得/贴现息）	×	×	×	×
产品研发投资/领取生产许可	×	×	×	×
支付行政管理费	– 1	– 1	– 1	– 1
支付设备维护费				– 4
订单违约罚金				
计提折旧				(2)
新市场开拓/领取市场准入				
ISO 认证投资/领取 ISO 资格				
结账				
现金收入合计	39	0	0	20
现金支出合计	31	3	1	26
期末现金对账（请填余额）	34	31	30	24

表 3 −117　　　　　　　　**F 组第 6 年订单登记表**

订单号									合计
市场	亚洲	国际	国际						
产品	P3	P2	P3						
数量	2	4	2						
账期	2	3	3						
销售额	20	27	17						64
成本	8	12	8						28
毛利	12	15	9						36
交货季	Q2	Q3	Q3						

3.7.2　F 公司财务报表

财务报表包括产品销售汇总统计表（表 3 −118）、综合费用明细表（表 3 −119）、利润表（表 3 −120）、资产负债表（表 3 −121）。

表 3 −118　　　　　　　　**F 公司产品销售汇总统计表**

年份	P1			P2			P3			P4		
	收入	数量	成本	收入	数量	成本	收入	数量	成本	收入	数量	成本
1	16	3	6	0	0	0	0	0	0	0	0	0
2	15	3	6	0	0	0	0	0	0	0	0	0
3	5	1	2	47	6	18	0	0	0	0	0	0
4	39	10	20	54	8	24	17	2	8	0	0	0
5	0	0	0	20	3	9	19	2	8	0	0	0
6	0	0	0	27	4	12	37	4	16	0	0	0

表 3 −119　　　　　　　　**F 公司综合费用明细表**

年份	管理费	广告费	设备维护	厂房租金	转产费	市场开拓	ISO 认证	产品研发	其他	总计
1	4	11	4			4		4		27
2	4	7	5			3	2	10		31
3	4	11	5			2		4		26
4	4	7	5			1	1			18
5	4		4			2				10
6	4	3	4							11

表 3 – 120　　　　　　　　　　　　　F 公司利润表

项　　目	第 1 年	第 2 年	第 3 年	第 4 年	第 5 年	第 6 年
销售收入	16	15	52	110	39	64
直接成本	6	6	20	52	17	28
毛利	10	9	32	58	22	36
综合费用	27	31	26	18	10	11
折旧前利润	– 17	– 22	6	40	12	25
折旧	4		5	3	2	2
息前利润	– 21	– 22	1	37	10	23
财务收/支	4	5	14	23	11	8
额外收/支						
税前利润	– 25	– 27	– 13	14	– 1	15
税						
净利润	– 25	– 27	– 13	14	– 1	15

表 3 – 121　　　　　　　　　　　　　F 公司资产负债表

资　　产							负债 + 权益						
流动资产	第 1 年	第 2 年	第 3 年	第 4 年	第 5 年	第 6 年	负债	第 1 年	第 2 年	第 3 年	第 4 年	第 5 年	第 6 年
现金	30	52	69	29	35	24	长期负债	40	80	60	60	60	
应收			7	30	19	44	短期负债	20	20	80	40	40	20
在制品	8	12	13	10	14		应付款						
产成品	12	19	26	3	6	3	应缴税	0	0	0	0	0	0
原材料							1 年期长贷		20	20			60
流动合计	50	83	115	72	74	71	负债合计	60	120	160	100	100	80
固定资产							权　　益						
土地和建筑	40	40	40	40	40	40	股东资本	60	60	60	60	60	60
机器设备	5	21	16	13	10	8	利润留存	16	– 9	– 36	– 49	– 35	– 36
在建工程	16						年度利润	– 25	– 27	– 13	14	– 1	15
固定合计	61	61	56	53	50	48	权益小计	51	24	11	25	24	39
资产总计	111	144	171	125	124	119	负债权益总计	111	144	171	125	124	119

3.7.3　F 公司经营策略分析

F 公司经过 6 年的经营，所有者权益为 39M，相对于第 1 年年初亏损了 37M，总分 31，所有者权益和总分在所有公司中均处于最后一名。其销售收入、毛利和净利润情况见图 3 – 14。

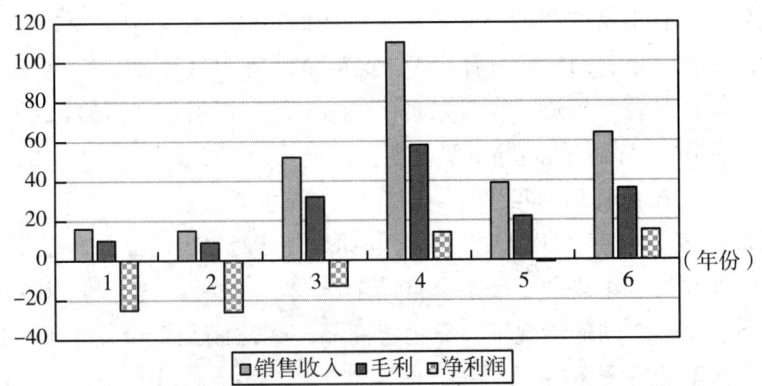

图 3 – 14　F 公司销售收入、毛利、净利润

从图 3 – 14 中可以看出，F 公司第 1、第 2 年的销售收入、毛利都很少，亏损较大；第 3 年收入有所增长，但仍然亏损；第 4 年收入、毛利增长很快，达到经营期间最高值，当年实现了盈利；但是第 5 年收入、毛利迅速下降，又出现了亏损；第 6 年收入、毛利有所增长，但远未达到第 4 年水平。一般而言，企业从第 3 年收入开始增长，并会持续稳定增长，F 公司却先迅速增长，后急速回落，其原因在于产能落后，第 4 年收入中很大一部分来自于前三年积压的库存产品销售。

F 公司在开拓市场、产品研发方面进行了积极的投资，见表 3 – 122。第 2 年研发完成 P2 产品，第 3 年研发完成 P3 产品。从第 1 年开始就对区域、国内、亚洲、国际市场同时进行了开拓，第 5 年所有的市场开拓完毕。第 2 年同时进行了 ISO9000、14000 认证，但是由于资金短缺，于第 3 年暂停，第 4 年 ISO9000 认证完毕，而 ISO14000 后期一直没有继续认证，导致之前投入的 1M 成为沉没成本，体现了公司决策具有一定的随意性。

表 3 – 122　　　　　　　　　　　F 公司无形资产投资方案

项　　目		第 1 年	第 2 年	第 3 年	第 4 年	第 5 年	第 6 年
产品研发	P2	4	2				
	P3		8	4			
市场开发	区域	1					
	国内	1	1				
	亚洲	1	1	1			
	国际	1	1	1	1		

续表

项　　目		第 1 年	第 2 年	第 3 年	第 4 年	第 5 年	第 6 年
ISO 认证	9K		1		1		
	14K		1				

按理说 F 公司既有丰富的产品，又开拓了广阔的市场，订单应该不成问题，但最终结果却不尽人意，最后一年的销售额只有 64M，6 年总销售额只有 296M。下面，我们根据相关数据分析 F 公司在融资、投资、经营方面存在的不足，以引起大家的思考。

F 公司经营策略方面存在的问题主要表现在以下几个方面。

（1）筹资策略与投资规划不匹配。

从表 3 - 122、表 3 - 125 可以看出，F 公司研发了 P2、P3 产品，开发了全部市场，进行了一种认证，并在第 1 年建设了一条全自动生产线。这些投入需要占用大量的资金，在前三年市场狭小、竞争激烈的情况下，靠销售商品是无法满足资金需求的，因此，应当制定与投资规划相匹配的筹资策略。

表 3 - 123　　　　　　　　　　　　F 公司筹资情况

项　　目	第 2 年	第 3 年	第 4 年	第 5 年	第 6 年
借入长期贷款	60				
借入短期贷款	20	40	20	40	20
借入高利贷		40	20		
应收账款贴现（贴现得/贴现息）		21/3	35/5		

根据 F 公司运营流程表可以统计其筹资情况，见表 3 - 123。F 公司在第 1 年并未申请长期贷款，由于第 1 年销售收入少，各项投资、经营费用高，所有者权益下降迅速，第 1 年末的所有者权益为 51，长期贷款额度为上年所有者权益的 2 倍，之前已经有 40M 的长期贷款，第 2 年只能申请 60M 的长期贷款，之后由于所有者权益持续下降，公司再未取得长期贷款。公司的资金缺口只能通过短期贷款满足，而长期投资又无法在短期内收回，还款压力巨大，随着所有者权益持续下降，短期贷款额度也在不断下降。公司在第 3 年不得不借入 40M 高利贷维持经营，第 4 年还款时利息高达 8M，同时进行了应收账款贴现，贴现得现金 21M，贴现利息 3M。第 4 年又借入 20M 高利贷，第 5 年还款时利息 4M，应收账款贴现得 35M，贴现利息 5M。借入高利贷不仅比正常贷款多支付利息，而且还面临扣分的惩罚。由于资金的短缺，F 公司除了第 1 年投资了一条全自动生产线，之后再未投资生产线，造成了产能的严重落后。

从表 3 - 124 列示的排名最后的三家公司（第四名 B 公司、第五名 E 公司、第六名 F 公司）盈利情况的对照指标来看，F 公司的财务费用明显偏高，其原因在于决策的随意性，投资未考虑现金因素，最终只能拆东墙补西墙，勉强度日。

表 3 – 124　　　　　　　　　　B、E、F 公司盈利状况对照表

公司	项　目	第 1 年	第 2 年	第 3 年	第 4 年	第 5 年	第 6 年
B	息税前利润	– 17	– 24	18	32	38	25
	财务费用	4	4	11	9	8	11
	净利润	– 21	– 28	7	23	28	11
E	息税前利润	– 16	– 19	27	29	16	33
	财务费用	4	5	10	10	9	10
	净利润	– 20	– 24	17	19	7	18
F	息税前利润	– 21	– 22	1	37	10	23
	财务费用	4	5	14	23	11	8
	净利润	– 25	– 27	– 13	14	– 1	15

（2）生产线投资与产品研发、市场开拓不匹配。

F 公司的生产线投资见表 3 – 125，第 1 年投资了 1 条全自动生产线，之后再未投资生产线，加上初始年就拥有的设备，共有 1 条全自动线，1 条半自动线，3 条手工线，全年的最大产能只有 10 个，产能严重不足。

表 3 – 125　　　　　　　　　　F 公司生产线投资情况

生产线	第 1 年			
	1 季	2 季	3 季	4 季
全自动	4	4	4	4

公司在早期就研发了 P2、P3 产品，开拓了全部市场，拥有丰富的产品线和广阔的市场，可以获得比较多的市场订单，这与落后的产能极不匹配。F 公司 6 年的销售量分别为 3、3、7、20、5、8，只有第 4 年销量较高，销售额达到了 110M，其原因在于前三年销售不佳，积累了大量的库存，第 3 年末产成品价值 26M，在第 4 年进行了销售，之后两年销量均未过 10。公司之所以只投资了 1 条全自动线，一方面是缘于资金短缺；另一方面可能正是由于之前产品的大量积压，导致公司误以为产能是充足的。

（3）广告投放不合理。

F 公司的产能与产品、市场相比相对不足，同时通过表 3 – 121 可以发现每年末都有产成品库存，其价值在 1 ~ 6 年分别为 12M、19M、26M、3M、6M、3M。既不缺产品，也不缺市场，每年产能只有 10 个却仍然无法销售一空，其原因在于广告投放存在问题，公司 6 年累计广告投入产出比仅为 7.22，位列倒数第一位，广告费使用效率低下，见表 3 – 126。

表 3 –126　　　　　　　　　　　F 公司广告投入产出

项　　目	第 1 年	第 2 年	第 3 年	第 4 年	第 5 年	第 6 年
广告投入	11	7	11	7	2	3
销售收入	16	15	52	110	39	64
投入产出比	1.45	2.14	4.73	15.71	19.50	21.33

　　F 公司第 1 年投入广告费 11M，其目的在于争取本地市场老大，D 公司投入广告费 13M，为当年最高，拿到了一张 36M 的订单，而 F 公司只拿到了一张 16M 的订单，广告投入产出比仅为 1.45，即 1M 广告费只获得了 1.45M 的销售额。

　　第 2 和第 3 年的广告投入产出比也很低，一方面由于前三年市场竞争激烈；另一方面也体现了广告费投入的不合理性。F 公司在第 3 年国内市场投入了 9M 的广告费，虽然获得了国内市场地位，但是成本过高，已经超出了 F 公司可以承受的范围，导致当年借入了高利贷和应收账款贴现。广告费计入综合费用，直接抵减利润，使公司的财务状况进一步恶化，第 4 年不得不继续借入高利贷和应收账款贴现，体现了 F 公司决策的无计划性。

　　后三年虽然广告投入产出比提升了很多，但是第 5、第 6 年投入的广告费仅为 2M、3M，只投放在亚洲与国际市场，放弃了本地、区域与国内市场，国际市场在第 5 年没有 P3 需求，过低的广告费导致获得的订单过少，在第 6 年部分生产线停产的情况下，仍然存在产成品积压。

　　（4）产品结构不合理。

　　从图 3 –15 可以发现，F 公司第 4 年仍然大量销售 P1，而这时 P1 的毛利率已经较低，基本没有利润了。第 4 至第 6 年毛利率最高的 P3 产品销量却很低，第 4、第 5 年只有 2 个，第 6 年只有 4 个，总体销量为 8 个。我们在第 5 章进行了 P3 产品的盈亏临界点分析，其销售量高于 16 个才能实现盈利。也就是说，就 P3 而言，其销售数量远远不能弥补与其相关的各项成本费用。

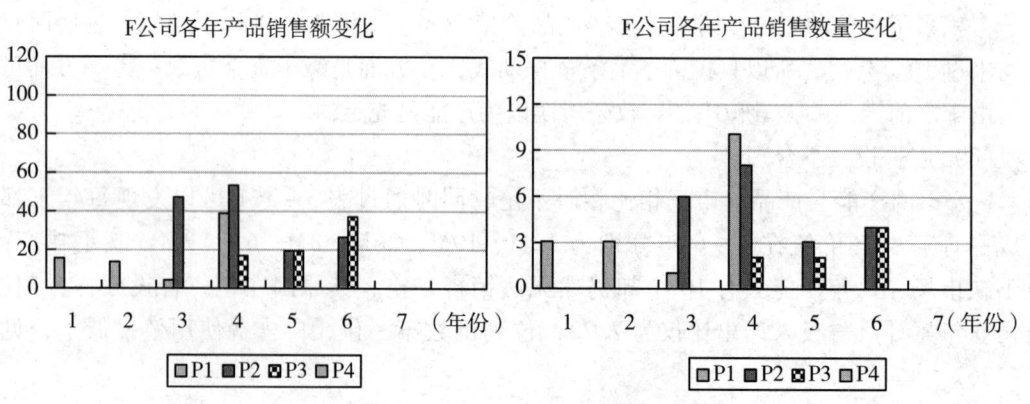

图 3 –15　F 公司产品销售变化情况

　　F 公司在产品研发与市场开拓方面进行了大量的投资，而生产线投资过少，广告费投入不合理，造成了需求与供给的严重错配。同时，投资随意性强，没有考虑现金流，走一步看一步，陷入财务困境，不得已借入高利贷和应收账款贴现，导致高额的财务费用。上述两方面原因致使 F 公司最终经营失败。

第4章 ERP电子沙盘

实物沙盘使用一系列实物教具,学习过程更直接、更形象,让学生"看得见、摸得着",与实际企业管理过程更接近,通过推盘可以使学生对企业的经营流程有一个感性的认识。但是由于手工操作的局限性,实物沙盘存在以下问题:

- 企业经营监控不力,很多环节不易控制,如营销、运营、财务等环节存在有意或无意的疏漏和舞弊,教师人为控制成本巨大;
- 受空间限制,每个小组需要一张桌子摆放盘面和道具,参与课程人数有限;
- 教师工作量大,教师忙于手工放单、报表录入、帮助学生核对报表等事务性工作,挤占了对学生进行更多的经营方面的指导的时间和精力。

ERP电子沙盘继承了ERP实物沙盘的原始功能特点,又在其基础上进行了创新和改进,实现了从广告投放、订单选择、经营模拟、报表生成、赛后分析等所有环节的电子操作,将教师彻底从选单、报表录入、监控中解放出来,从而将重点放在企业经营的本质分析上。ERP电子沙盘内设了很多控制机制,这种计算机内部控制学生无法绕过,结果也更加客观公正。电子沙盘操作过程更加节省时间,更加易于控制,模拟过程有迹可循,成为众多沙盘比赛选择的方式。

4.1 新商战电子沙盘介绍

企业模拟经营分基于流程和基于纯决策两类。前者以"商战实践平台"为代表,后者以"GMC"和"商道"为代表;前者注重经营过程、模拟情景,适合没有企业经营经验的大中专学生,后者更侧重的是对诸多决策变量进行分析,适合于有企业经营经验的MBA学生和社会人士;前者的核心是模拟出企业经营场景并对过程进行合理控制,后者的核心是对经营变量的数学建模;前者总体看是一个白箱博弈过程,后者是一个黑箱博弈过程。对于没有企业经营经验的学生而言,首先应获得经营的感性认识,以此为基础,在一步步决策过程中获取管理知识。

新道"新商战"系统平台是继"新创业者"沙盘模拟经营系统之后的新一代企业经营模拟软件系统。该平台在继承企业经营模拟沙盘特点的基础之上,吸收了众多经营类软件的优点,更贴近现实,运行规则及订单可以自由设置,同时可以支持多市场同开。新道"新商战沙盘实训课程"集知识性、趣味性、对抗性于一体,涉及整体战略规划、产品研发、设备投资改造、生产能力规划、物料需求计划、资金需求计划、市场与销售、财务经济指标分析、团队沟通与建设等多方面的内容。其特点如下：

- 全真模拟企业经营过程，感受市场竞争氛围，集成选单、多市场同选、竞拍、组间交易等多种市场方式；
- 自由设置市场订单和经营规则，订单和规则均是一个文件，只要引入后就可以使用，并可导出文件，方便与全国的同行交流规则和订单；
- 系统采用 B/S 结构设计，基于 Web 的操作平台，实现本地或异地训练，可以支持 2 ~ 99 个队同时经营；
- 经营活动全程监控，学生不能擅自改变操作顺序，也不能随意进行业务回退，避免了作弊行为；
- 自动核对现金流，并依据现金流对企业运行进行控制，避免了随意挪用现金的操作；
- 完整的经营数据记录，财务报表自动核对，经营数据可以 Excel 格式导出，使教学管理更轻松；
- 作为每年"用友杯"全国大学生沙盘模拟经营大赛的系统平台，使用过的参赛学校已超过千所。

4.2　系统准备

在使用新道"新商战"系统平台前，需在服务器上安装软件，然后通过浏览器登录服务器进行使用。

登录安装系统的服务器，打开新商战沙盘系统，其运行界面见图 4 - 1。系统具有规则、订单方案的导入功能，软件提供了多个高职、本科院校规则及与之匹配的不同参赛组数的订单，教师应根据实际情况选择适合教学的规则与订单进行导入。同时系统具有规则、订单方案的导出功能，方便沟通交流，使用更加灵活。导出规则方案见图 4 -2，导出订单方案见图 4 -3。

图 4 - 1　新商战沙盘系统运行界面

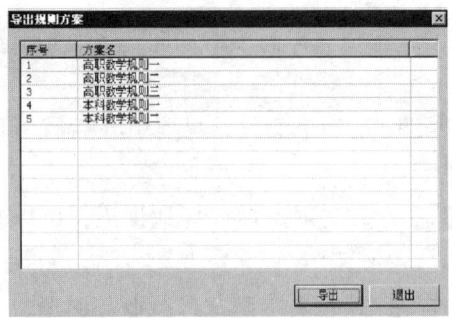 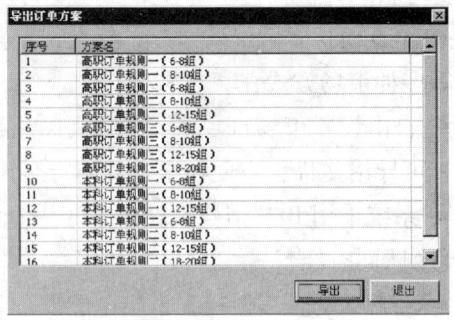

图 4-2　导出规则方案　　　　　　图 4-3　导出订单方案

4.3　系统管理员操作流程

系统可以使用三种身份进行登录，分别是系统操作员（admin）、教师及各教学小组，不同身份登录后的界面、功能与操作流程各不相同，系统操作员主要是对系统进行整体的维护，教师对其负责的班级运行进行管理，各教学小组负责完成模拟企业多年的经营。

在服务器上运行系统并引入规则和订单后才能以不同的身份登录服务器使用软件。在客户端打开浏览器，键入 http：//服务器 IP：端口/，以系统管理员身份登录系统，会出现系统管理员登录界面，见图 3-4。系统管理员即 admin 对系统具有最高管理权限，负责创建教学班，见图 4-5；进行教师管理，增加、删除教师，见图 4-6；当建立班级并且增加教师后，可以为教师分配班级管理权限，即哪个教师负责运行哪个班级，见图 4-7。admin 只负责分配班级管理权限，不能对班级的具体运行进行管理。admin 还可以对班级数据进行备份或者删除备份，并可以使用备份数据进行还原，见图 4-8。

图 4-4　系统管理员登录界面

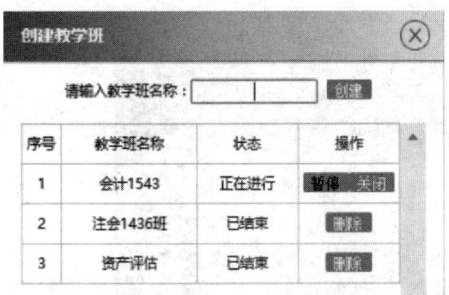

图 4-5　创建教学班　　　　　　　　图 4-6　教师管理

图 4-7　权限管理

图 4-8　数据备份

4.4　教师端操作流程

系统管理员增加了教师并为其赋予班级权限后，教师在浏览器地址栏中键入 http：//服务器 IP：端口/，登录服务器，出现以下界面，见图 4 - 9。

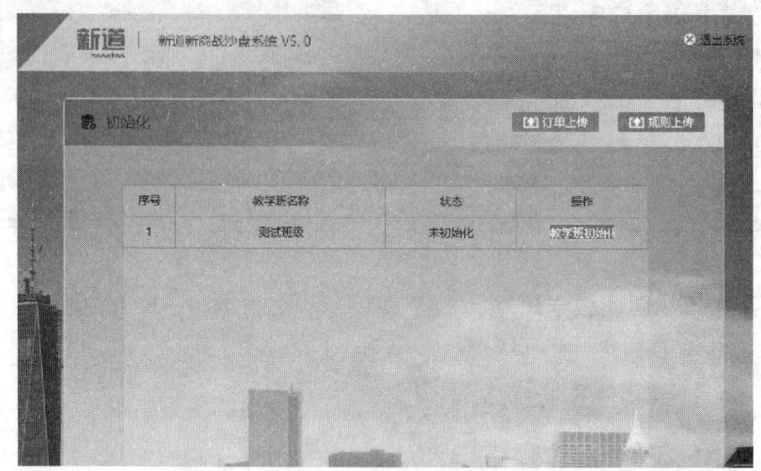

图 4 - 9　系统初始化

4.4.1　班级初始化

教师应先对班级进行初始化，操作栏有教学班初始化按钮，点击初始化，显示参数弹出框，见图 4 - 10。设置学生分组用户名前缀和小组数量，选择适用的订单方案和规则方案，根据情况设定一系列参数，在之后的运行过程中也可以进行参数修改。

图 4 - 10　初始化流程

班级初始化后，进入班级管理界面，见图 4 - 11。右手侧最上方区域可以查阅公告信息、规则说明、市场预测，系统设置了"教师帮助"选项，为教师端的功能提供了使用说明。

图 4 - 11　教师端功能界面

4.4.2　查询每组经营信息

点击主页面上方学生组号，如 A1001。主页面中间区域显示该组各项经营信息，包括公司资料、库存采购信息、研发认证信息、财务信息、厂房信息、生产信息。

点击学生组号后默认显示公司资料页签，见图 4 - 12。

图 4 - 12　公司资料

点击公司资料下"还原本年"，弹出提示框，点击确定，会将该学生组的经营回退到当年年初重新开始经营；点击公司资料下"修改密码"，显示弹出框，在新密码后面的编辑框内输入改后的密码，点击确认即完成修改；点击公司资料下"追加资本"，显示弹出框，见图 4 - 13，在注入金额后编辑框内输入要增加的金额数字，选择注资类别"特别贷款"或"股东注资"，点击确认即完成用户融资。

图 4 – 13　追加资本

点击公司资料下"修改状态"，显示弹出框，显示该用户的当前经营状态，见图 4 – 14，点击拟修改状态后面的下拉框，选择"未运营""正在运营"或"破产"，点击确认即完成用户经营状态修改。

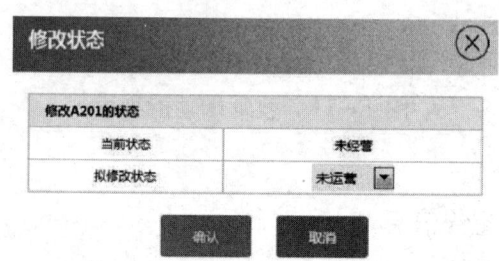

图 4 – 14　修改状态

综合财务用于查阅该学生组当年经营的主要财务信息项，见图 4 – 15。

综合财务表			
贴息	0W	利息	0W
销售收入	0W	设备维护费	0W
转产费	0W	租金	0W
管理费	0W	广告费	0W
信息费	0W	其他	0W
直接成本	0W	ISO认证资格	0W
产品研发	0W	市场准入开拓	0W

图 4 – 15　综合财务信息

点击下方按钮，可以显示改学生组每年的综合费用表、利润表、资产负债表及现金流量表，见图 4 – 16。

订单列表用于显示查阅该学生组每年的市场订单，以及订单的完成状态和完成时间，见图 4 – 17。

导出 Excel，用于将该学生组的各项经营信息导出成 Excel 格式查阅保存，默认文件名为组号＋时间。导出后，点开可查询各项经营表格，见图 4 – 18。

用户现金流量表

R01现金流量表

ID	动作	资金	剩余	时间	备注
1	初始化资本金	650W	650W	第1年第1季	公司成立
2	短贷	29W	679W	第1年第1季	短贷29W
3	厂房租用	-42W	637W	第1年第1季	花掉42W租用大厂房(7113)
4	新建生产线	-50W	587W	第1年第1季	柔性线(7128)P1
5	新建生产线	-50W	537W	第1年第1季	柔性线(7138)P1
6	新建生产线	-50W	487W	第1年第1季	柔性线(7152)P1
7	新建生产线	-50W	437W	第1年第1季	柔性线(7160)P1
8	产品研发	-18W	419W	第1年第1季	P1、P3
9	支付行政管理费	-20W	399W	第1年第1季	
10	短贷	109W	508W	第1年第2季	短贷109W
11	在建生产线	-50W	458W	第1年第2季	柔性线(7160)
12	在建生产线	-50W	408W	第1年第2季	柔性线(7152)
13	在建生产线	-50W	358W	第1年第2季	柔性线(7128)
14	在建生产线	-50W	308W	第1年第2季	柔性线(7138)

图 4－16　现金流量表

订单列表

R01订单列表

订单编号	市场	产品	数量	总价	状态	得单年份	交货期	账期	ISO	交货时间
S213_09	本地	P3	3	260W	已交货	第2年	4季	2季	-	第2年第4季
S213_05	本地	P3	2	170W	已交货	第2年	2季	1季	-	第2年第2季
S221_01	区域	P1	4	205W	已交货	第2年	3季	1季	-	第2年第3季
S223_11	区域	P3	1	93W	已交货	第2年	3季	0季	-	第2年第2季
S223_04	区域	P3	2	177W	已交货	第2年	4季	1季	-	第2年第4季

图 4－17　订单列表

综合费用表

		第1年	第1年	第2年	第2年	第3年	第3年	第4年	第4年
	年度	系统	用户	系统	用户	系统	用户	系统	用户
	类型	系统	用户	系统	用户	系统	用户	系统	用户
	管理费	4	4	4	4	4	0	4	0
	广告费	0	0	18	18	27	0	99	0
	设备维护费	18	18	22	22	24	0	24	0
	转产费	0	0	2	2	0	0	0	0
	租金	4	4	4	4	4	0	4	0
	市场准入开拓	5	5	3	3	2	0	0	0
	产品研发	13	13	1	1	0	0	0	0
	ISO认证资格	3	3	3	3	0	0	0	0
	信息费	0	0	9	22	4	0	73	0
	其他	0	0	0	0	0	0	0	0
	合计	47	47	66	79	65	0	204	0

利润表

	年度	第1年
	类型	系统
	销售收入	0
	直接成本	0
	毛利	0
	综合管理费用	47
	折旧前利润	-47
	折旧	0
	支付利息前利润	-47
	财务费用	0
	税前利润	-47
	所得税	0
	净利润	-47

资产负债表

企业信息　库存信息　银行资款　研发认证　厂房与生产线　订单信息　现金流量表　企业财务报表

图 4－18　经营表格

点击该学生组信息界面上方按钮，库存采购信息用于显示原料订购、原料库存、产品库存信息；研发认证信息用于显示市场开拓、产品研发、ISO 认证信息；财务信息用于显示应收账款、长期贷款、短期贷款、特别贷款信息；厂房信息用于显示厂房信息；生产信息用于显示生产线信息。

4.4.3　选单管理

点击主页面下方的菜单"选单管理"，管理每组学生选取市场订单过程。

当所有学生组未投放广告时，以及结束订货会时，弹出框页面显示订货会尚未开始，见图 4 – 19。

图 4 – 19　选单管理 1

当教学班里有部分学生组完成广告投放时，弹出框显示每组投放广告时间，见图 4 – 20。

第2年广告投放情况		
用户名	用户时间	投完广告时间
y01	第2年第1季	2015-9-15 14时18分43秒
y02	第1年第1季	-
y03	第1年第1季	-

图 4 – 20　选单管理 2

当教学班里所有学生组完成广告投放时，弹出框显示准备开始选单页面，见图 4 – 21。

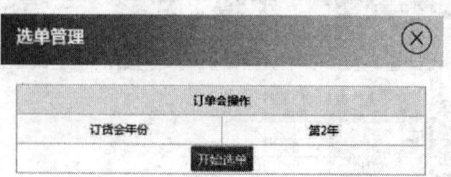

图 4 – 21　选单管理 3

点击开始选单，弹出提示框，订货会正式开始，见图 4 – 22。

点击确定，跳转到订货会选单管理页面，见图 4 – 23。弹出框中显示选单过程记录，包括选单时间、剩余回合、剩余单数等信息。

图 4-22 订货会开始

图 4-23 选单管理

点击重新选单,订货会会重新开始。点击计时暂停/计时恢复,来操作是否暂停订货会选单。当选单全部结束后,页面弹出提示框,本年订货会结束。

4.4.4 组间交易

点击主页面下方的菜单"组间交易",显示弹出框,见图 4-24。

点击选择出货方和选择进货方的下拉框,选择买卖的双方组号,选择要交易的产品,在下方编辑框内输入交易数量以及交易总价,点击确认交易,即完成了此次组间交易。组间交易必须在两个学生组经营到某一共同系统时间点时才能操作。

4.4.5 排行榜单

点击主页面下方"排行榜单"菜单,显示弹出框,见图 4-25。在"当前修正"后的

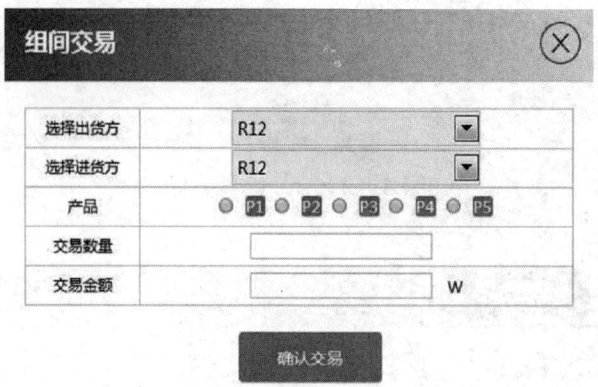

图 4 - 24　组间交易

编辑框输入教师加分或减分，点击确定保存修正分。此功能查询学生组经营的最后成绩排名。

用户名 ⇅	系统时间	公司名称	学校名称	得分 ⇅	当前修正	累计修正	合计
R01	第5年1季	1	1	1191.1			-
R02	第3年1季	1	1	816.0			-
R03	第5年1季	1	福州职业技术学院	1550.2			-
R04	第5年1季	1	广东工商职业技术学院	1167.48			-
R05	第5年1季	锁宝集团	0	1230.85			-
R06	第5年1季	温州科技职业学院	温州科技职业学院	1914.96			-
R07	第5年1季	1	1	2017.73			-
R08	第3年1季	22	经管院	398.0			-
R09	第4年1季	1	rz	133.76			-
R10	第4年2季	延安职业技术学院	延安职业技术学院	1027.26			-

图 4 - 25　排行榜单

4.4.6　公共信息

点击主页面下方"公共信息"菜单，显示弹出框，见图 4 - 26。在年份后的下拉框里选择要查询的年份，点击确认信息。

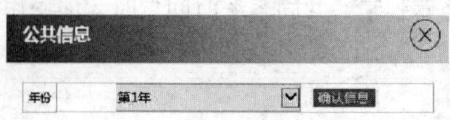

图 4 - 26　公共信息 1

　　点击确认信息后，页面跳转到每组的经营结果信息，见图 4 - 27。显示各组的本年经营利润以及权益列表，在下方显示本年的销售额市场老大。点击综合费用表，页面跳转显示各组的综合费用对比表。点击下方按钮，可以显示各组的利润、资产负债、下一年初各组的广告投资额对比表。点击导出 Excel，将各组的对比信息以 Excel 的形式下载保存查阅。

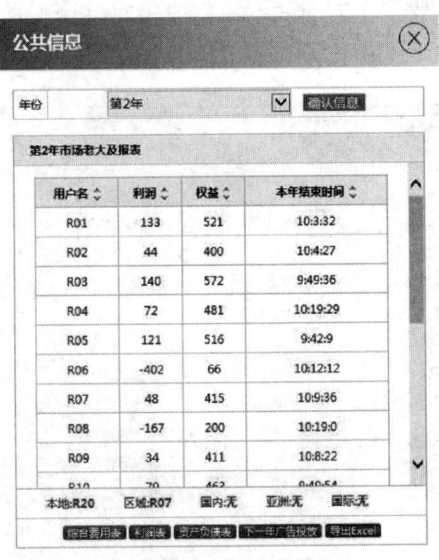

图 4 - 27　公共信息 2

4.4.7　订单详情

　　点击主页面下方菜单"订单详情"，弹出框形式显示该教学班所有年份的市场订单明细，见图 4 - 28。

订单编号	年份	市场	产品	数量	总价	交货期	账期	ISO	所购用户	状态
S211_01	第2年	本地	P1	2	109W	2季	2季	-	R13	已交货
S211_02	第2年	本地	P1	4	197W	4季	4季	-	R22	已交货
S211_03	第2年	本地	P1	1	55W	2季	0季	-	-	-
S211_04	第2年	本地	P1	5	248W	3季	3季	-	-	-
S211_05	第2年	本地	P1	1	53W	4季	1季	-	R03	已交货
S211_06	第2年	本地	P1	6	299W	3季	4季	-	-	-
S211_07	第2年	本地	P1	3	156W	2季	1季	-	-	-
S211_08	第2年	本地	P1	3	145W	4季	0季	-	R03	已交货
S211_09	第2年	本地	P1	2	111W	3季	2季	-	R13	已交货
S211_10	第2年	本地	P1	5	248W	3季	2季	-	R02	已交货
S211_11	第2年	本地	P1	2	96W	3季	4季	-	-	-
S211_12	第2年	本地	P1	4	198W	3季	2季	-	R03	已交货
S211_13	第2年	本地	P1	1	60W	4季	0季	-	R03	已交货
S211_14	第2年	本地	P1	4	200W	2季	1季	-	R22	已交货

图 4 - 28　订单详情

4.4.8　系统参数

点击主页面下方菜单"系统参数"，跳出弹出框，见图 4 - 29。显示该教学班初始化的参数设置，选择可修改的参数，在后面的下拉框或编辑框内修改即可对经营参数进行修改。点击确认保存修改结果。其中，初始现金不可修改。

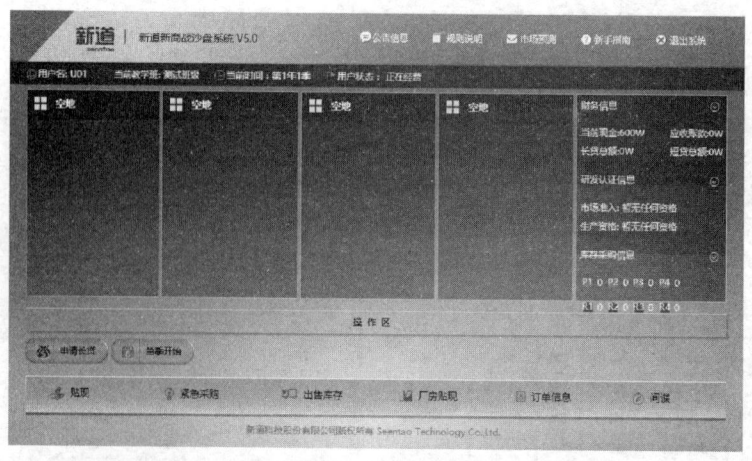

图 4 - 29　系统参数设置

4.5　学生端运营流程

使用学生组编号和密码登录系统，显示如下界面，见图 4 - 30。

图 4 - 30　学生登录界面

新商战沙盘系统模拟运营企业经营 6 个年度，每个年度分设 4 个季度运行。全年总体运营流程包括年初运营、每季度运营、期末运营。年初企业运营过程包括年度规划、投放广告、支付广告费、支付所得税、参加订货会、长期贷款。每季度流程见图 4 – 31。年末运营操作主要包含填写报表和投放广告，需要填写的报表包括：综合费用表、利润表及资产负债表。除上述运营操作外，企业随时可进行以下运营操作：贴现、紧急采购、出售库存、厂房贴现、订单信息及间谍。为保证企业按规则经营，系统限制了各组企业在参加竞单会过程中进行紧急采购和间谍操作。

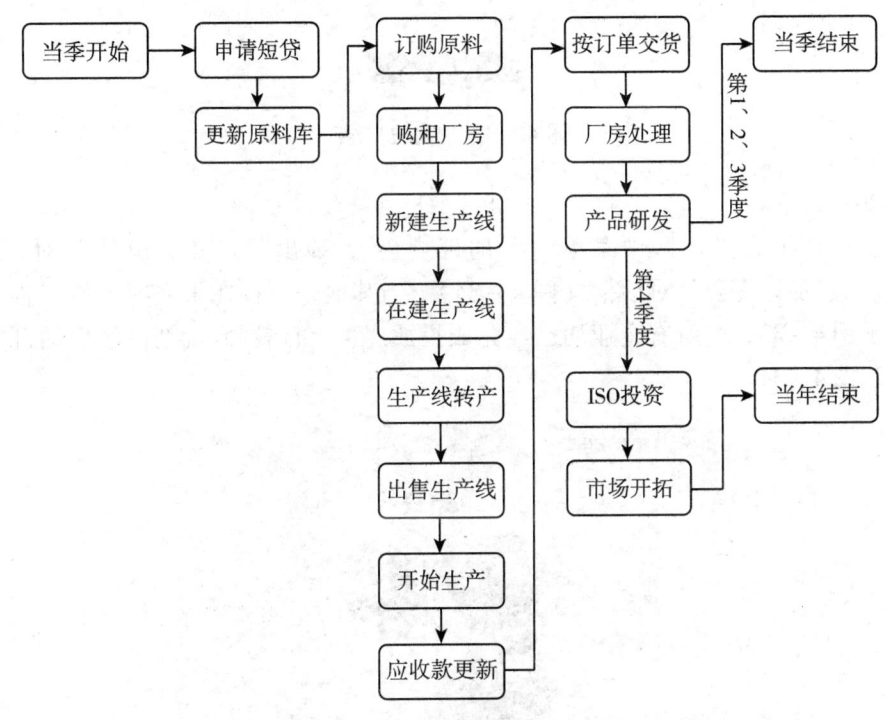

图 4 – 31　每季度内运营流程

4.5.1　年初运营操作

（1）年度规划会议。

年度规划会议在每运营年度开始时召开，在软件中无须操作。年度规划会议一般由团队的 CEO 主持召开，会同团队中的采购、生产、销售等负责人一起进行全年的市场预测分析、广告投放、订单选取、产能扩张、产能安排、材料订购、订单交货、产品研发、市场开拓、筹资管理和现金控制等方面的分析和决策规划，最终完成全年运营的财务预算。

（2）支付广告费和支付所得税。

点击当年结束，系统时间切换到下一年年初，需要投放广告，见图 4 – 32，确认投放后系统会自动扣除所投放的广告费和上年应交的所得税。

市场开拓完成，相应的市场显示为黑色字体，则可在该市场投放广告费。若市场显示为红色字体，则表示该市场尚未开拓完成，则不可在该市场投放广告费。市场广告费的投放要根据市场的竞争激烈程度、企业自身的产能布置、发展战略、竞争对手的广告投放策略等多方面因素综合考虑。广告投放后，就可等待教师/裁判开启订货会，订货会开始的前提是所有的小组均完成广告投放，教师/裁判才会开启订货会。

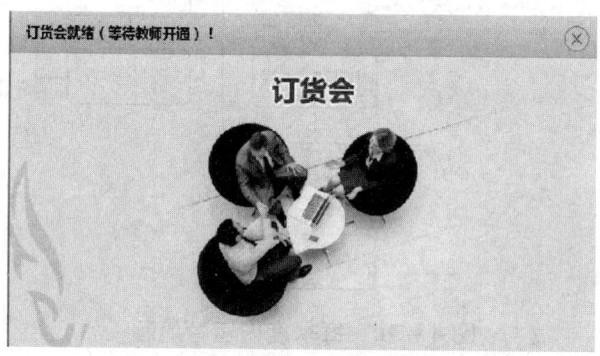

图 4 – 32   投放广告

（3）参加订货会。

点击主页面下方操作区中菜单"参加订货会"，弹出"订货会就绪"对话框（图4 – 33）或"参加订货会"对话框（图4 – 34）。当其他企业存在未完成投放广告操作时，当前组显示图4 – 33，当所有企业均已经完成投放广告，且教师/裁判已经启动订货会时，系统会显示图4 – 34。

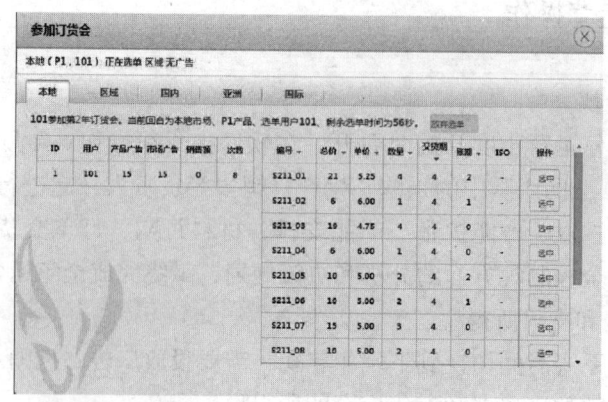

图 4 – 33   订货会就绪

图 4 – 34   参加订货会

说明：

● 系统会提示正在进行选单的市场（显示为红色）、选单用户和剩余选单时间，企业选单时特别要关注上述信息。

● 对话框左边显示某市场的选单顺序，右边显示该市场的订单列表。未轮到当前用户选单时，右边操作一列无法点击。当轮到当前用户选单时，操作显示"选中"按钮，点击选中，成功选单。当选单倒计时结束后用户无法选单。

● 选单时要特别注意有两个市场在同时进行选单的情况，此时很容易漏选市场订单。

全部市场选单结束后，订货会结束。

（4）长期贷款。

点击主页面下方操作区中菜单"申请长贷"，弹出"申请长贷"对话框（图 4 - 35）。弹出框中显示本企业当前时间可以贷款的最大额度，点击"需贷款年限"下拉框，选择贷款年限，在"需贷款额"录入框内输入贷款金额，点击确认，即申请长贷成功。

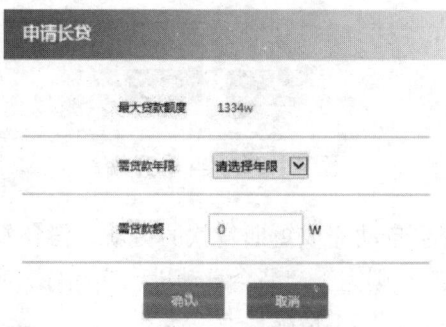

图 4 - 35　申请长贷对话框

说明：

● 需贷款年限，系统预设有 1 年、2 年、3 年、4 年和 5 年，最大贷款额度系统设定为上年末企业所有者权益的 N 倍，N 具体为多少，由教师/裁判在参数设置中设定。需贷款额由企业在年度规划会议中根据企业运营规划确定，但不得超过最大贷款额度。

● 长期贷款为分期付息和到期一次还本付息。年利率由教师/裁判在参数设置中设定。

举例：

若长期贷款年利率设定为 10%，贷款额度设定为上年末所有者权益的 3 倍，企业上年末所有者权益总额为 600W，则本年度贷款上限为 1800W（600W×3），假定企业之前没有贷款，则本次贷款最大额度为本年度贷款上限，即为 1800W。若企业之前已经存在 1000W 的贷款，则本次贷款最大额度为本年度贷款上限减去已贷金额，即为 800W。

若企业第 1 年初贷入了 100W，期限 5 年，则系统会在第 2、第 3、第 4、第 5、第 6 年初每年自动扣除长贷利息 10W（100W×10%），并在第 6 年初自动偿还贷款本金 100W。

4.5.2　每季度运营操作

（1）当季开始。

点击"当季开始"按钮，系统会弹出"当季开始"对话框（图 4 – 36），该操作完成后才能进入季度内的各项操作。

图 4 – 36　当季开始

当季开始操作时，系统会自动完成短期贷款的更新，偿还短期贷款本息，检测更新生产/完工入库情况（若已完工，则完工产品会自动进入产品库，可通过查询库存信息了解入库情况）、检测生产线完工/转产完工情况。

（2）申请短贷。

点击主页面下方操作区中菜单"申请短贷"，弹出"申请短贷"对话框（图 4 –37）。在"需贷款额"后输入金额，点击确认即短贷成功。

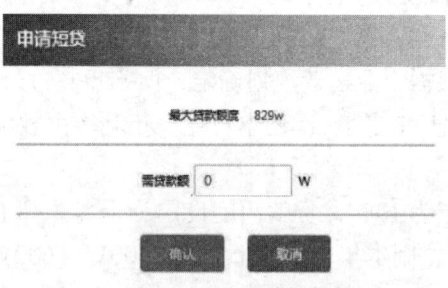

图 4 – 37　申请短贷

短贷期限默认为 1 年，到期一次还本付息，贷款年利率由教师/裁判在参数设置中设定，短贷申请时不得超过"申请短贷"对话框中的"最大贷款额度"。假定企业短期贷款年利率为 5%，则企业若在第 1 年第 1 季度贷入 20W，那么企业需在第 2 年第 1 季度偿还该笔短贷的本金 20W 和利息 1W（20 × 5%）。

（3）更新原料库。

点击主页面下方操作区中菜单"更新原料库"，弹出"更新原料"对话框（图4-38），提示当前应入库原料需支付的现金。确认金额无误后，点击确认，系统扣除现金并增加原料库存。

图4-38 更新原料

企业经营沙盘运营中，原材料一般分为 R1、R2、R3、R4 四种，它们的采购价由系统设定，一般每1个原材料价格均为10W。其中 R1、R2 原材料是在订购1个季度后支付，R3、R4 原材料是在订购2个季度后支付。

假定每种原材料每个采购价均为10W，若某企业在第1季度订购了 R1、R2、R3、R4 各1个，第2季度又订购了 R1、R2、R3、R4 各2个，则第2季度更新原料操作时，需支付的材料采购款为20W（系第1季度订购的 R1 和 R2 材料款），第3季度更新原料操作时，需支付的材料采购款为60W（系第1季度订购的 R3、R4 材料款和第2季度订购的 R1、R2 材料款），分析过程见图4-39。

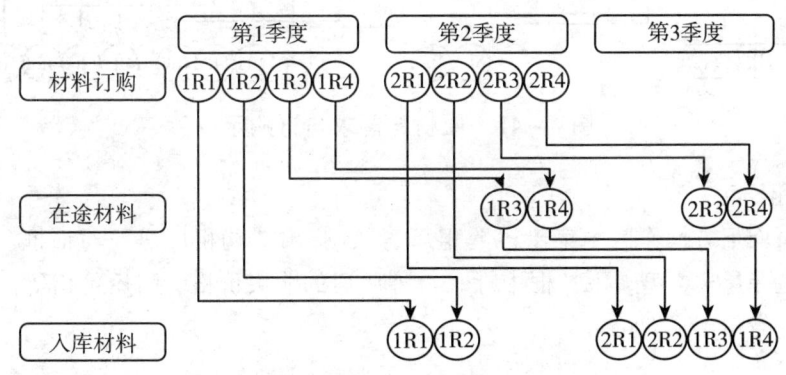

图4-39 原材料订购与入库逻辑

（4）订购原料。

点击主页面下方操作区中菜单"订购原料"，弹出"订购原料"对话框（图4-40），显示原料名称、价格以及运货周期信息，在数量一列输入需订购的原料数量值，点击确认即可。

企业原材料一般分为 R1、R2、R3、R4 四种，其中 R1、R2 原材料需提前1个季度订购，在1个季度后支付材料款并入库，R3、R4 原材料需提前2个季度订购，在2个季度后支付材料款并入库。材料订购数量由后期生产需要来决定，订购多了会造成现金占用，订购少了则不能满足生产需要，会造成生产线停产，甚至不能按期完成产品交货，导致产品订单违约。

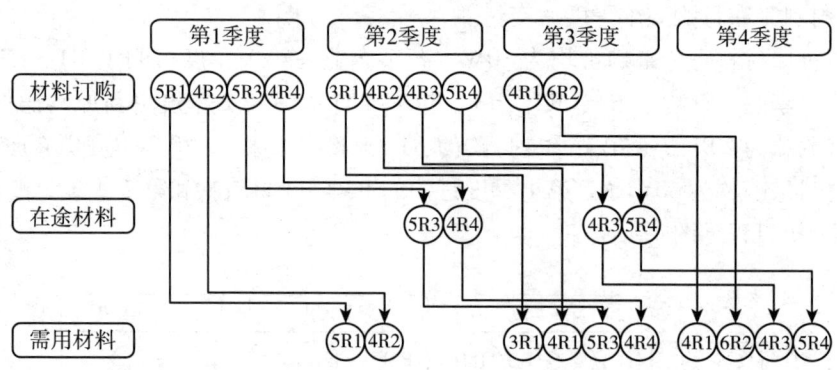

图 4 - 40　订购原料

若企业第 2 季度需要领用 5R1、4R2，第 3 季度需要领用 3R1、4R2、5R3、4R4，第 4 季度需要领用 4R1、6R2、4R3、5R4，则企业第 1 季度需要订购的原材料为 5R1、4R2、5R3、4R4，第 2 季度需订购的原材料为 3R1、4R2、4R3、5R4。分析过程见图 4 - 41。

图 4 - 41　原材料需求与订购示例

（5）购租厂房。

点击主页面下方操作区中菜单"购租厂房"，弹出"购租厂房"对话框（图 4 - 42），点击下拉框选择厂房类型，下拉框中提示每种厂房的购买价格、租用价格等。选择订购方式，买或租，点击确认即可。

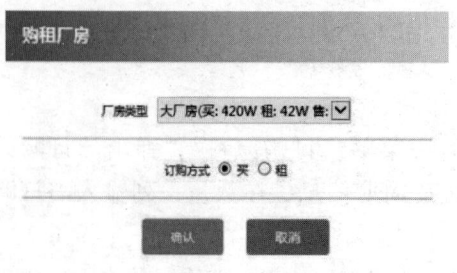

图 4 - 42　购租厂房

　　厂房类型根据需要选择大厂房或小厂房，订购方式可以根据需要选择买或租。厂房每季均可购入或租入。若选择购买，则需一次性支付购买价款，无后续费用；若选择租入，则需每年支付租金，租金支付时间为租入当时以及以后每年对应季度的季末。

　　若企业在第 1 年第 2 季度选择购入 1 个大厂房，则系统会在购入时一次性扣除相应的购买价款，以后不再产生相关扣款。若企业在第 1 年第 2 季度选择租入 1 个大厂房，则需在第 1 年第 2 季度租入时支付第 1 年租金，以后每年的租金由系统自动在第 2 季度季末支付。

　　（6）新建生产线。

　　点击主页面下方操作区中菜单"新建生产线"，弹出"新建生产线"对话框（图 4－43）。选择放置生产线的厂房，点击"类型"下拉框，选择要新建的生产线类型，下拉框中有生产线购买的价格信息，选择新建的生产线计划生产的产品类型，点击确认即可。

　　新建多条生产线时，无须退出该界面，可重复操作。

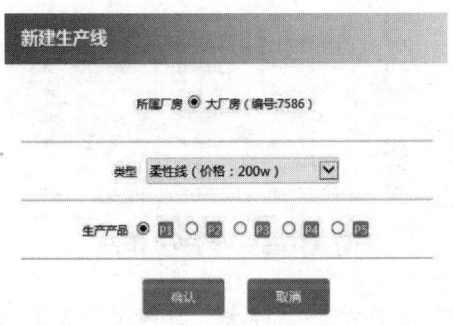

图 4－43　新建生产线

　　生产线一般包括超级手工线、自动线、柔性线及租赁线等，各种生产线的购买价格、折旧、残值、生产周期、转产周期、建造周期详见规则说明。

　　（7）在建生产线。

　　点击主页面下方操作区中菜单"在建生产线"，弹出"在建生产线"对话框（图 4－44）。弹出框中显示需要继续投资建设的生产线的信息，勾选决定继续投资的生产线，点击确认即可。

选择项	编号	厂房	类型	产品	累积投资	开建时间	剩余时间
☐	3352	大厂房(3141)	自动线	P2	5W	第1年1季	2季
☐	3369	大厂房(3141)	柔性线	P1	5W	第1年1季	3季

图 4－44　在建生产线

只有处在建造期的生产线才会在此对话框中显示，该对话框中会提供处于建造期间的生产线的累计投资额、开建时间和剩余建造期。

（8）生产线转产。

点击主页面下方操作区中菜单“生产线转产”，弹出“生产线转产”对话框（图 4－45）。弹出框中显示可以进行生产转产的生产线信息，勾选转产的生产线以及转线要生产的产品，点击确认即可。

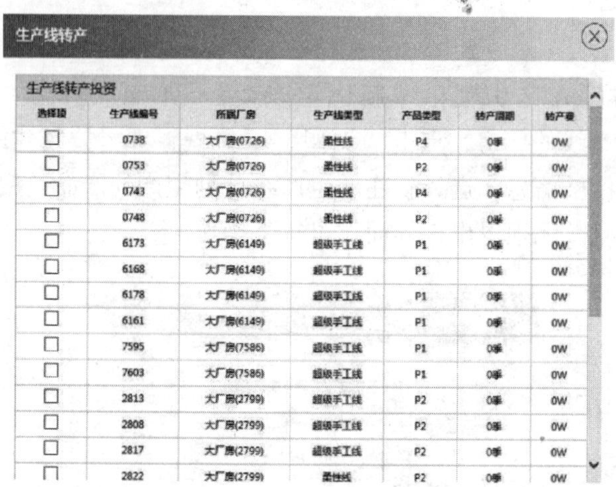
生产线转产

生产线转产投资

选择项	生产线编号	所属厂房	生产线类型	产品类型	转产周期	转产费
	0738	大厂房(0726)	柔性线	P4	0季	0W
	0753	大厂房(0726)	柔性线	P2	0季	0W
	0743	大厂房(0726)	柔性线	P4	0季	0W
	0748	大厂房(0726)	柔性线	P2	0季	0W
	6173	大厂房(6149)	超级手工线	P1	0季	0W
	6168	大厂房(6149)	超级手工线	P1	0季	0W
	6178	大厂房(6149)	超级手工线	P1	0季	0W
	6161	大厂房(6149)	超级手工线	P1	0季	0W
	7595	大厂房(7586)	超级手工线	P1	0季	0W
	7603	大厂房(7586)	超级手工线	P1	0季	0W
	2813	大厂房(2799)	超级手工线	P2	0季	0W
	2808	大厂房(2799)	超级手工线	P2	0季	0W
	2817	大厂房(2799)	超级手工线	P2	0季	0W
	2822	大厂房(2799)	柔性线	P2	0季	0W

图 4－45　生产线转产

生产线建造时已经确定了生产的产品种类，但是在企业运营过程中，为完成不同产品数量的订单按时交货，可能会对生产线生产的产品进行适当的转产操作，转产时要求该生产线处于待生产状态，否则不可进行转产操作。转产时，不同生产线的转产费用和转产周期是有区别的，具体详见规则说明。

假定规则规定手工线转产周期为 0Q、转产费用 0W。若某手工线原定生产 P1 产品，现在需要转产为 P2 产品，则转产时要求该手工线上没有在产品方能转产，且转产当季即可上线生产新的 P2 产品，无须支付转产费用。假定规则规定自动线转产周期为 1Q，转产费用 20W。若某半自动线原定生产 P1 产品，现在需要转产为 P2 产品，则转产时要求该半自动线上没有在产品方能转产，且需进行 1 个季度的“生产线转产”操作后，方能上线生产新的 P2 产品，且需支付相应的转产费用 20W。

（9）出售生产线。

点击主页面下方操作区中菜单“出售生产线”，弹出“出售生产线”对话框（图 4－46）。弹出框中显示可以进行出售的生产线信息。勾选要出售的生产线，点击确认即可。

生产线出售的前提是该生产线是空置的，即没有在生产产品。出售时按残值收取现金，按净值（生产线的原值减去累计折旧后的余额）与残值之间的差额作企业损失。即已提足折旧的生产线不会产生出售损失，未提足折旧的生产线必然产生出售损失。

假定规则确定超级手工线建设期为 1Q、原值为 35W、净残值 5W、使用年限 3 年，若某企业第 1 年第 1 季度开建一条超级手工线，则该生产线系第 1 年第 2 季度建成，只要该生产线处于待生产状态即可进行出售。若建成后当年将其出售，则会收到5W现金，同时产生30W损失〖(原值35W－累计折旧0W)－净残值5W〗，若第2年将其出售，则会收到5W现金，同时产生20W损失〖(原值35W－累计折旧10W)－净残值5W〗，依此类推。

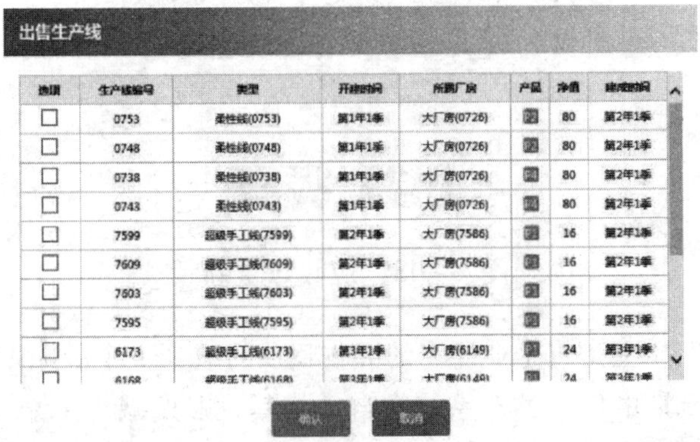

选项	生产线编号	类型	开建时间	所属厂房	产品	净值	建成时间
□	0753	柔性线(0753)	第1年1季	大厂房(0726)		80	第2年1季
□	0748	柔性线(0748)	第1年1季	大厂房(0726)		80	第2年1季
□	0738	柔性线(0738)	第1年1季	大厂房(0726)		80	第2年1季
□	0743	柔性线(0743)	第1年1季	大厂房(0726)		80	第2年1季
□	7599	超级手工线(7599)	第2年1季	大厂房(7586)		16	第2年1季
□	7609	超级手工线(7609)	第2年1季	大厂房(7586)		16	第2年1季
□	7603	超级手工线(7603)	第2年1季	大厂房(7586)		16	第2年1季
□	7595	超级手工线(7595)	第2年1季	大厂房(7586)		16	第2年1季
□	6173	超级手工线(6173)	第3年1季	大厂房(6149)		24	第3年1季

图4－46　出售生产线

(10) 开始生产。

点击主页面下方操作区中菜单“开始生产”，弹出“开始下一批生产”对话框（图4－47）。弹出框中显示可以进行生产的生产线信息。勾选要投产的生产线，点击确认即可。

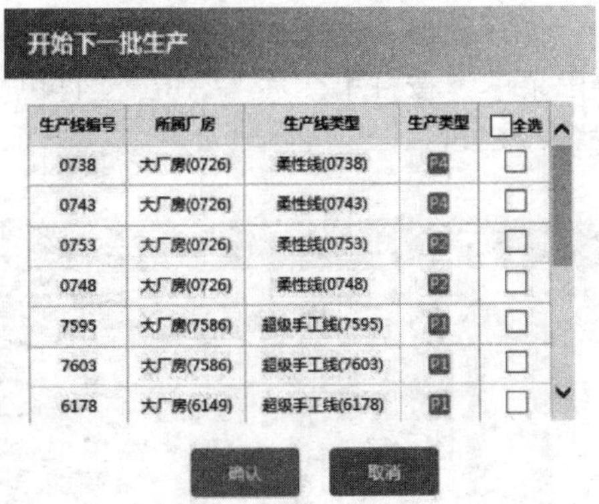

生产线编号	所属厂房	生产线类型	生产类型	全选
0738	大厂房(0726)	柔性线(0738)	P4	□
0743	大厂房(0726)	柔性线(0743)	P4	□
0753	大厂房(0726)	柔性线(0753)	P2	□
0748	大厂房(0726)	柔性线(0748)	P2	□
7595	大厂房(7586)	超级手工线(7595)	P1	□
7603	大厂房(7586)	超级手工线(7603)	P1	□
6178	大厂房(6149)	超级手工线(6178)	P1	□

图4－47　开始下一批生产

开始下一批生产时保证相应的生产线空闲、产品完成研发、生产原料充足，投产用的现金足够，上述四个条件缺一不可。开始下一批生产操作时，系统会自动从原材料仓库领用相应的原材料，并从现金处扣除用于生产的人工费用。

假定规则规定P1产品构成为1R1＋10W，当前想在某超级手工线上线生产P1产品，则要求该超级手工线此时没有在产品（因为一条生产线同时只能生产1个产品），且原材料仓库需有1个R1原材料，以及10W的现金余额用于支付产品生产的人工费。上线生产后，系统会自动从R1原材料库中领用1个R1，并从现金库中扣除10W的生产费用。

（11）应收款更新。

点击主页面下方操作区中菜单"应收款更新"，弹出"应收款更新"对话框（图 4 - 48），点击确认即可。

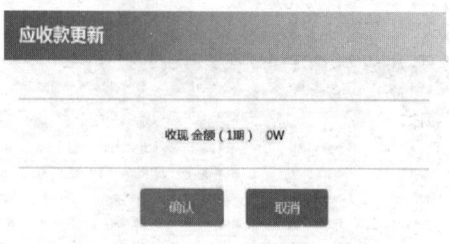

图 4 - 48　应收款更新

应收款更新操作实质上是将企业所有的应收款项的减少 1 个收账期，它分为两种情况，一是针对本季度尚未到期的应收款，系统会自动将其收账期减少 1 个季度；二是针对本季度到期的应收款，系统会自动计算并在"收现金额"框内显示，将其确认收到，系统自动增加企业的现金。

若某企业上季度末应收账款有如下两笔：一笔账期为 3Q、金额为 20W 的应收款，另一笔账期为 1Q、金额为 30W 的应收款。则本季度进行应收款更新时，系统会将账期为 3Q、金额为 20W 的应收款更新为账期 2Q、金额 20W 的应收款，同时系统会自动将账期为 1Q、金额为 30W 的应收款收现。

（12）按订单交货。

点击主页面下方操作区中菜单"按订单交货"，弹出"订单交货"对话框（图 4 - 49）。点击每条订单后的"确认交货"即可。

订单编号	市场	产品	数量	总价	得单年份	交货期	账期	ISO	操作
S631_01	国内	P2	3	150W	第6年	4季	1季	-	确认交货
S622_07	区域	P2	2	172W	第6年	1季	1季	9	确认交货
S622_17	区域	P2	5	380W	第6年	3季	2季	-	确认交货
S642_02	亚洲	P2	2	240W	第6年	3季	2季	9	确认交货
S642_12	亚洲	P2	2	162W	第6年	2季	2季	9 14	确认交货
S652_11	国际	P2	2	160W	第6年	2季	0季	14	确认交货
S613_07	本地	P2	5	441W	第6年	3季	4季	9	确认交货
S614_05	本地	P2	3	394W	第6年	4季	2季	9	确认交货
S614_10	本地	P2	2	258W	第6年	3季	2季	9	确认交货
S634_04	国内	P2	1	142W	第6年	3季	3季	-	确认交货
S634_09	国内	P2	3	637W	第6年				确认交货

图 4 - 49　订单交货

订单交货对话框中会显示年初订货会上取得的所有产品订单，该订单会提供订单销售收入总价、某订单需交的产品种类和数量、交货期限、账期等信息。点击相应订单右边的"确认交货"按钮后，若当相应产品库存足够的情况下提示交货成功，若库存不足的情况下弹出库存不足的提示框。订单交货后会收取相应的现金或产生相应的应收款。

若企业获取图 4 - 49 所示第一个订单，则表示该订单要求在当年第 4 季度结束前交货，如果不能按时交货则取消该产品订单，且要支付相应的违约金（违约金比率由教师/裁判在系统参数中设置）。

（13）厂房处理。

点击主页面下方操作区中菜单"厂房处理"，弹出"厂房处理"对话框（图 4 - 50）。选择厂房的处理方式，系统会自动显示出符合处理条件的厂房以供选择。勾选厂房，点击确认。

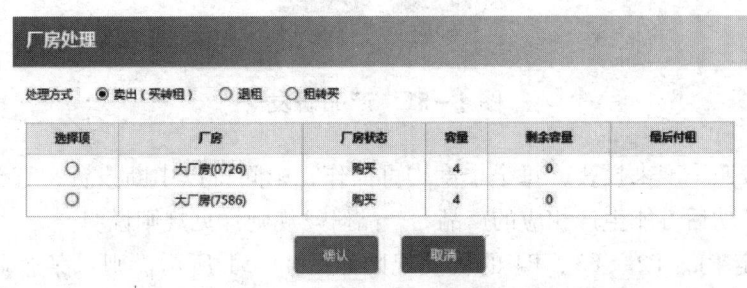

图 4 - 50　厂房处理

说明：

• 厂房处理方式包括卖出（买转租）、退租、租转买三种。

• 买转租操作针对原购入的厂房，实质上此操作包括两个环节，一是卖出厂房，二是同时将此厂房租回。卖出厂房将根据规则产生一定金额、一定账期的应收款（详见规则说明）；租入厂房需支付对应的租金，这一操作无须厂房空置。

• 退租操作针对原租入的厂房，该操作要求厂房内无生产设备，若从上年支付租金时开始算租期未满 1 年的，则无须支付退租当年的租金，反之则需支付退租当年的租金。

• 租转买操作针对原租入的厂房，该操作实质上包括两个环节，一是退租，二是同时将该厂房买入。退租当年租金是否需要支付参照"退租操作"说明；购买厂房时需支付相应的购买价款，该操作无须厂房空置。

举例：

假定规则规定某大厂房购买价为 30W，租金 4W/年。

若企业欲将原购入的大厂房买转租，则会产生期限为 4Q、金额为 30W 的应收款，同时系统会在买转租时自动扣除当期厂房租金 4W。

若企业于上年第 2 季度租入一个大厂房，如果在本年度第 2 季度结束前退租，则系统无须支付第 2 个年度的厂房租金；如果在本年度第 2 季度结束后退租，则系统需扣除第 2 个年度的厂房租金 4W。此操作要求该厂房内无生产设备。

若企业欲租转买原租入的大厂房，则系统仍会在大厂房租入的对应季度扣除当年的租金，并且在租转买时支付大厂房的购买价款 30W。

（14）产品研发。

点击主页面下方操作区中菜单"产品研发"，弹出"产品研发"对话框（图 4 - 51）。

勾选需要研发的产品，点击确认。

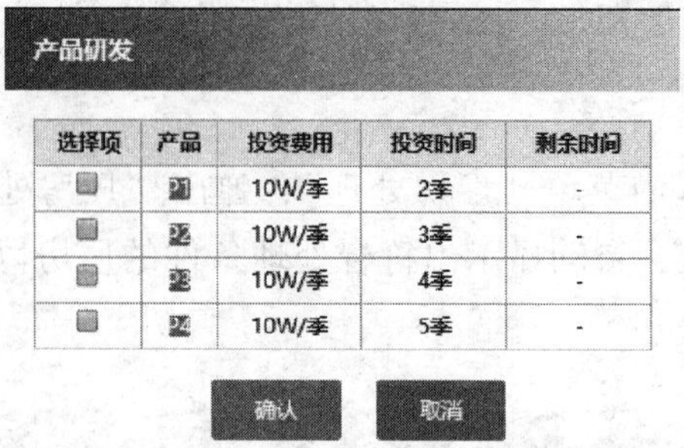

图 4 - 51　产品研发

产品研发按照季度来投资，每个季度均可操作，中间可以中断投资，直至产品研发完成，产品研发成功后方能生产相应的产品，产品研发规则详见规则说明。

若规则规定 P1、P2、P3、P4 的研发规则如图 4 - 51 所示。则：某企业在第 1 年第 1 季度开始同时研发上述 4 种产品，且中间不中断研发，则第 1 年第 1 季度需支付研发费用 40W，第 1 季度无产品研发完成；第 1 年第 2 季度需支付研发费用 40W，此时 P1 产品研发完成，第 3 季度即可生产 P1 产品；第 1 年第 3 季度需支付研发费用 30W，此时 P2 产品研发完成，第 4 季度即可生产 P2 产品；第 1 年第 4 季度需支付研发费用 20W，此时 P3 产品研发完成，第 2 年第 1 季度即可生产 P3 产品；第 2 年第 1 季度需支付研发费用 10W，此时，P4 产品研发完成，第 2 年第 2 季度即可生产 P4 产品，具体研发过程见表 4 - 1。

表 4 - 1　　　　　　　　　　　　　研发费用表

	第 1 年第 1 季度	第 1 年第 2 季度	第 1 年第 3 季度	第 1 年第 4 季度	第 2 年第 1 季度	第 2 年第 2 季度
P1	10W	10W	研发完成			
P2	10W	10W	10W	研发完成		
P3	10W	10W	10W	10W	研发完成	
P4	10W	10W	10W	10W	10W	研发完成
当季投资总额	40W	40W	30W	20W	10W	

（15）ISO 投资。

该操作只有每年第 4 季度才出现。点击主页面下方操作区中菜单"ISO 投资"，弹出"ISO 投资"对话框（图 4 - 52）。勾选需要投资的 ISO 资质，点击确认即可。

ISO 投资包括产品质量（ISO9000）认证投资和产品环保（ISO14000）认证投资。企业若想在订货会上选取带有 ISO 认证的订单，必须取得相应的 ISO 认证资格，否则不能选取该订单。ISO 投资每年进行一次，可中断投资，直至 ISO 投资完成。

图 4 – 52　ISO 投资

（16）市场开拓。

该操作只有每年第 4 季度才出现。点击主页面下方操作区中菜单"市场开拓"，弹出"市场开拓"对话框（图 4 – 53）。勾选需要研发的市场，点击确认即可。

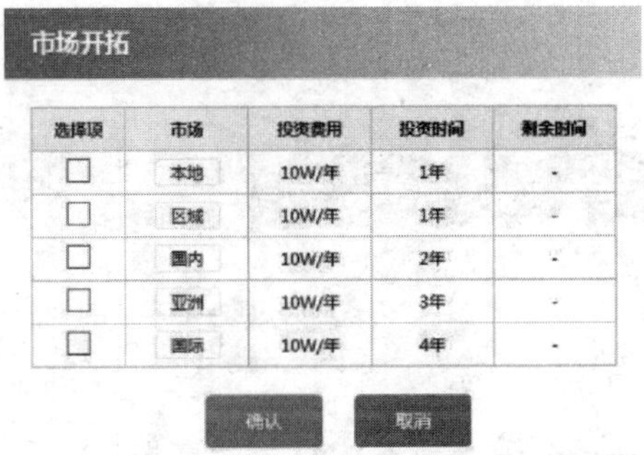

图 4 – 53　市场开拓

企业经营沙盘中市场包括：本地市场、区域市场、国内市场、亚洲市场和国际市场。市场开拓是企业进入相应市场投放广告、选取产品订单的前提。市场开拓相关规则详见规则说明。市场开拓每年第 4 季度末可操作一次，中间可中断投资。

假定规则规定本地市场、区域市场、国内市场、亚洲市场和国际市场的开拓期分别为 1 年、1 年、2 年、3 年、4 年，开拓费用均为每年 10W。若企业从第 1 年末开始开拓所有市场，且中间不中断投资，则：第 1 年需支付 50W（各类市场各 10W）市场开拓费用，且当即完成本地市场和区域市场的开拓，即在第 2 年初的订货会上可对本地、区域市场投放广告、选取订单；第 2 年末需支付 30W（国内、亚洲、国际各 10W）市场开拓费用，且完成国内市场的开拓，即在第 3 年初的订货会上可对本地市场、区域市场和国内市场投放广告、选取订单；第 3 年末需支付 20W（亚洲、国际各 10W）市场开拓费用，且完成亚洲市场的开拓，即在第 4 年初的订货会上可对本地、区域、国内和亚洲市场投放广告、选取订单；第 4 年末需支付 10W（国际市场 10W）市场开拓费用，且完成国际市场的开拓，即在第 5 年初的订货会上可对所有市场投放广告、选取订单。

（17）当季（年）结束。

该操作在每年 1~3 季度末显示"当季结束"，每年第 4 季度末显示"当年结束"。点击主页面下方操作区中菜单"当季结束"或"当年结束"，弹出"当季结束"（图4-54）或"当年结束"对话框（图4-55）。核对当季（年）结束需要支付或更新的事项。确认无误后，点击确认即可。

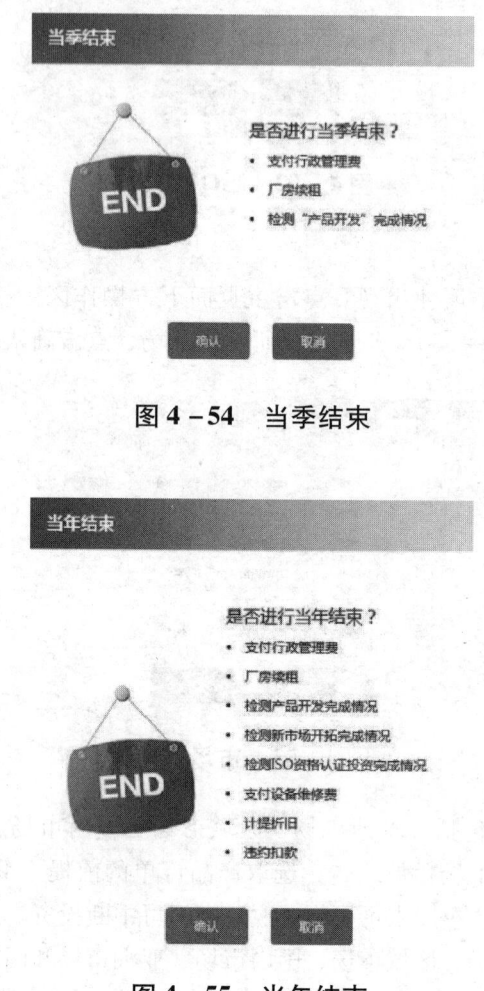

图4-54　当季结束

图4-55　当年结束

　　当季结束时，系统会自动支付行政管理费、厂房续租租金，检查产品开发完成情况。当年结束时，系统会自动支付行政管理费、厂房续租租金，检测产品开发、ISO投资、市场开拓情况，自动支付设备维修费、计提当年折旧、扣除产品违约订单的罚款。

4.5.3　年末运营操作——填写报表

　　点击主页面下方操作区中菜单"填写报表"，弹出"填写报表"对话框（图4-56）。依次在综合费用表、利润表、资产负债表的编辑框内输入相应计算数值，3张表填写过程中都可点击保存，暂时保存数据。点击提交，即提交结果，系统计算数值是否正确并在教师端公告信息中显示判断结果。

图 4 - 56　填写报表

综合费用表反映企业期间费用的情况，具体包括：管理费用、广告费、设备维护费、厂房租金、市场开拓费、ISO 认证费、产品研发费、信息费和其他等项目。其中信息费是指企业为查看竞争对手的财务信息而支付的费用，具体由规则确定。

利润表反映企业当期的盈利情况，具体包括：销售收入、直接成本、综合费用、折旧、财务费用、所得税等项目。其中销售收入为当期按订单交货后取得的收入总额，直接成本为当期销售产品的总成本，综合费用根据"综合费用表"中的合计数填列，折旧系当期生产线折旧总额，财务费用为当期借款所产生的利息总额，所得税根据利润总额计算。

资产负债表反映企业当期财务状况，具体包括：现金、应收款、在制品、产成品、原材料等流动资产，土地建筑物、机器设备和在建工程等固定资产，长期负债、短期负债、特别贷款、应交税金等负债，以及股东资本、利润留存、年度净利等所有者权益项目。其中，相关项目填列方法如下：现金根据企业现金结存数填列；应收款根据应收款余额填列；在制品根据在产的产品成本填列；产成品根据结存在库的完工产品总成本填列；原材料根据结存在库的原材料总成本填列；土地建筑物根据购入的厂房总价值填列；机器设备根据企业拥有的已经建造完成的生产线的总净值填列；在建工程根据企业拥有的在建的生产线的总价值填列；长期负债根据长期贷款余额填列；短期负债根据短期贷款余额填列；特别贷款根据后台特别贷款总额填列（一般不会遇到）；应交税金根据计算出的应缴纳的所得税金额填列；股东资本根据企业收到的股东注资总额填列；利润留存根据截至上年末企业的利润结存情况填列；年度利润根据本年度的利润表中的净利润填列。

4.5.4　流程外运营操作

（1）贴现。

此操作随时可进行，点击主页面下方操作区中菜单"贴现"，弹出"贴现"对话框（图 4 –57）。弹出框中显示可以贴现的应收款金额，选好贴现期，在贴现额一列输入要贴现的金额。点击确定，系统根据不同贴现期扣除不同贴息，将贴现金额加入现金。

图 4 –57　贴现

贴现是指将提前收回未到期的应收款，因为该应收款并非正常到期收回，所以贴现时需支付相应的贴现利息。贴现利息 = 贴现金额 × 贴现率，贴现率由教师/裁判在系统参数中设定，相关规定详见规则说明。这一操作一般在企业短期存在现金短缺，且无法通过成本更低的正常贷款取得现金流时才考虑使用。

假定某企业账期为 1Q 和 2Q 的应收款贴现率为 10%，账期为 3Q 和 4Q 的应收款贴现率为 12.5%，若该期限现将账期为 2Q、金额为 10W 的应收款和账期为 3Q、金额为 20 应收款同时贴现，则：贴现利息 = 10W × 10% + 20W × 12.5 = 3.5W，约等于 4W（规则规定贴现利息一律向上取整）；实收金额 = 10 + 20 – 4 = 26W；贴现后收到的 26W，当即增加企业现金，产生的贴现利息 4W，作为财务费用入账。

（2）紧急采购。

该操作随时可进行，点击主页面下方操作区中菜单"紧急采购"，弹出"紧急采购"对话框（图 4 –58）。显示当前企业的原料、产品的库存数量以及紧急采购价格，在订购量一列输入数值，点击确认即可。

紧急采购是为了解决材料或产品临时短缺而出现的，企业原材料订购不足或产品未能按时生产出来，均可能造成产品订单不能按时交货而导致订单违约，失去该订单收入并支付违约金。为避免该损失，企业可通过紧急采购少量的短缺原材料或产品，从而满足生产或交货的需要，促使产品订单按时交货，由此取得相应的销售利润。紧急采购价格一般比正常的采购价要高很多，具体由教师/裁判在参数设置中设定。操作时既可以紧急采购原材料，也可以紧急采购库存产品。

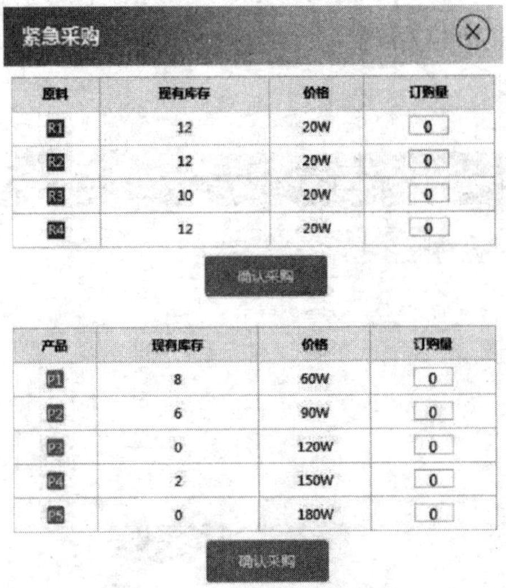

紧急采购

原料	现有库存	价格	订购量
R1	12	20W	0
R2	12	20W	0
R3	10	20W	0
R4	12	20W	0

确认采购

产品	现有库存	价格	订购量
P1	8	60W	0
P2	6	90W	0
P3	0	120W	0
P4	2	150W	0
P5	0	180W	0

确认采购

图 4－58　紧急采购

（3）出售库存。

操作随时可进行，点击主页面下方操作区中菜单“出售库存”，弹出“出售库存”对话框（图 4－59）。显示当前企业的原料、产品的库存数量以及出售价格，在出售数量一列输入数值，点击确定即可。

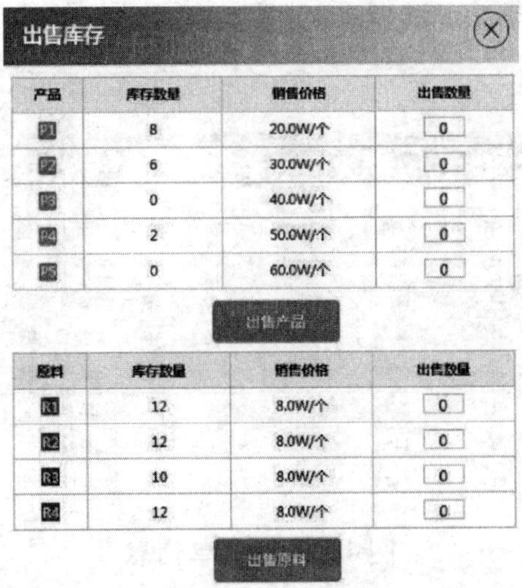

出售库存

产品	库存数量	销售价格	出售数量
P1	8	20.0W/个	0
P2	6	30.0W/个	0
P3	0	40.0W/个	0
P4	2	50.0W/个	0
P5	0	60.0W/个	0

出售产品

原料	库存数量	销售价格	出售数量
R1	12	8.0W/个	0
R2	12	8.0W/个	0
R3	10	8.0W/个	0
R4	12	8.0W/个	0

出售原料

图 4－59　出售库存

企业一般只有在资金极度短缺时才会考虑出售库存。库存出售一般会在成本的基础上打折销售，出售价由教师/裁判在参数设置中设定。

（4）厂房贴现。

该操作随时可进行，点击主页面下方操作区中菜单“厂房贴现”，弹出“厂房贴现”

对话框（图4-60）。弹出框中显示可以贴现的厂房信息，选择某一条厂房，点击确定贴现。系统根据每类厂房出售价格贴现，如果有生产线扣除该厂房的租金，保证厂房继续经营。

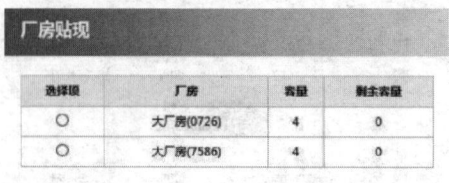

图4-60　厂房贴现

该操作实质上是将厂房卖出（买转租）产生的应收款直接贴现取得现金。它与厂房处理中的卖出（买转租）的区别在于，"卖出（买转租）"操作时产生的应收款并未直接贴现，而厂房贴现则直接将卖出（买转租）产生的应收款同时贴现。

（5）订单信息。

此操作随时可进行，点击主页面下方操作区中菜单"订单信息"，弹出"订单信息"对话框（图4-61）。弹出框中显示当前企业所有年份获得的订单，可以查询每条订单的完成时间、状态等信息。

订单编号	市场	产品	数量	总价	状态	得单年份	交货期	账期	ISO	交货时间
S614_05	本地	P4	3	394W	未到期	第6年	4季	2季	-	-
S614_10	本地	P4	2	258W	未到期	第6年	3季	2季	9	-
S613_07	本地	P3	5	441W	未到期	第6年	3季	2季	9	-
S622_07	区域	P2	7	172W	未到期	第6年	1季	1季	9	-
S622_17	区域	P2	7	380W	未到期	第6年	3季	2季	-	-
S634_04	国内	P4	1	142W	未到期	第6年	3季	3季	-	-
S631_01	国内	P1	3	150W	未到期	第6年	4季	1季	-	-

图4-61　订单信息

企业随时可点击"订单信息"查阅所取得的订单情况，从而确定生产安排、交货安排等情况。

（6）间谍。

点击主页面下方操作区中菜单"间谍"，弹出"间谍"对话框（图4-62），确认下载即可。

间谍中可显示获得自己公司信息和其他组信息两种，可免费获取自己公司信息，以Excel形式查阅或保存企业经营数据。若要查看其他公司的信息，则需支付教师/裁判在参数设置中设定的间谍费，才能以 Excel 形式查询其他企业的数据。

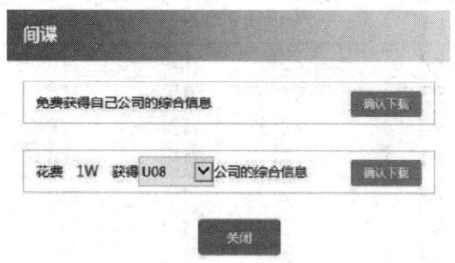

图 4 - 62　间谍

4.6　市场预测

点击学生端或者教师端右上方"市场预测"，显示与之前选择的规则方案与订单方案相匹配的市场预测情况。新商战电子沙盘采用的创业者模式，第 1 年是建设期，没有订单。市场预测提供的信息包括 2 ~ 6 年 P 系列产品的均价（图 4 - 63）、需求量（图 4 - 64）和订单数量（图 4 - 65）。

市场预测表——均价							
序号	年份	产品	本地	区域	国内	亚洲	国际
1	第2年	P1	50.82	51.44	0	0	0
2	第2年	P2	71.52	68.05	0	0	0
3	第2年	P3	90	92.4	0	0	0
4	第2年	P4	101.11	112.38	0	0	0
5	第3年	P1	50.69	53.53	50.94	0	0
6	第3年	P2	71.65	72	71.7	0	0
7	第3年	P3	90.67	91.41	93.37	0	0
8	第3年	P4	115.5	106.22	103.3	0	0
9	第4年	P1	53.44	51.64	50.69	49.79	0
10	第4年	P2	73.4	71.11	72.45	71.81	0
11	第4年	P3	92.55	89.69	91.86	92.27	0
12	第4年	P4	106.1	105.75	104.11	107.27	0
13	第5年	P1	48.39	52.22	51.69	49.5	51.06
14	第5年	P2	73	74.25	71.65	70	68.19
15	第5年	P3	89.27	89.47	91.23	90.31	90.16
16	第5年	P4	121.11	119.78	124.17	124.41	130.73
17	第6年	P1	48.92	50.69	50.24	49.38	17.42
18	第6年	P2	72.35	70.67	72.46	70.83	74.47
19	第6年	P3	89.15	90.21	89.79	94.13	94.5
20	第6年	P4	107.57	105.5	109.64	105.62	0

图 4 - 63　市场均价预测

市场预测表——需求量							
序号	年份	产品	本地	区域	国内	亚洲	国际
1	第2年	P1	17	18	0	0	0
2	第2年	P2	25	22	0	0	0
3	第2年	P3	14	15	0	0	0
4	第2年	P4	18	13	0	0	0
5	第3年	P1	16	15	18	0	0
6	第3年	P2	17	15	23	0	0
7	第3年	P3	18	17	19	0	0
8	第3年	P4	14	9	23	0	0
9	第4年	P1	18	14	16	14	0
10	第4年	P2	10	27	20	21	0
11	第4年	P3	20	16	14	15	0
12	第4年	P4	21	16	18	15	0
13	第5年	P1	18	18	13	22	18
14	第5年	P2	15	16	17	13	16
15	第5年	P3	15	15	13	13	19
16	第5年	P4	18	9	12	17	15
17	第6年	P1	12	13	17	16	50
18	第6年	P2	23	18	26	18	15
19	第6年	P3	13	19	14	15	4
20	第6年	P4	23	14	11	21	0

图 4 – 64　市场需求量预测

市场预测表——订单数量							
序号	年份	产品	本地	区域	国内	亚洲	国际
1	第2年	P1	8	7	0	0	0
2	第2年	P2	7	7	0	0	0
3	第2年	P3	6	7	0	0	0
4	第2年	P4	7	4	0	0	0
5	第3年	P1	8	6	7	0	0
6	第3年	P2	7	7	9	0	0
7	第3年	P3	8	6	8	0	0
8	第3年	P4	7	4	7	0	0
9	第4年	P1	7	6	7	6	0
10	第4年	P2	6	9	7	9	0
11	第4年	P3	8	7	8	7	0
12	第4年	P4	8	7	6	8	0
13	第5年	P1	7	5	5	7	7
14	第5年	P2	6	7	8	6	5
15	第5年	P3	6	5	6	7	7
16	第5年	P4	7	5	5	6	5
17	第6年	P1	5	6	6	6	15
18	第6年	P2	8	6	8	6	6
19	第6年	P3	5	8	8	7	3
20	第6年	P4	8	6	6	6	0

图 4 – 65　市场订单数量预测

4.7　电子沙盘规则

4.7.1　生产线规则

生产线共有 4 种类型，每种生产线的各项参数见图 4-66。

名称	投资总额	每季投资额	安装周期	生产周期	总转产费用	转产周期	维修费	残值	折旧费	折旧时间	分值
超级手工	35W	35W	0季	2季	0W	0季	5W/年	5W	10W	3年	0
自动线	150W	50W	3季	1季	20W	1季	20W/年	30W	30W	4年	8
柔性线	200W	50W	4季	1季	0W	0季	20W/年	40W	40W	4年	10
租赁线	0W	0W	0季	1季	20W	1季	65W/年	-65W	0W	0年	0

图 4-66　生产线规则

说明：
- 安装周期为 0，表示即买即用；
- 计算投资总额时，若安装周期为 0，则按 1 算；
- 不论何时出售生产线，价格为残值，净值与残值之差计入损失；
- 只有空闲的生产线方可转产；
- 当年建成生产线需要交维修费；
- 折旧（平均年限法）：建成当年不提折旧。

4.7.2　融资规则（图 4-67）

贷款类型	贷款时间	贷款额度	年息	还款方式	备注
长期贷款	每年年初	所有长短贷之和不超过上年权益 3 倍	10.0%	年初付息，到期还本	不小于10W
短贷贷款	每季度初		5.0%	到期一次还本付息	
资金贴现	任何时间	视应收款额	1季，2季：10.0%　3季，4季：12.5%	变现时贴息	贴现各账期分开核算，分开计息
库存拍卖		100.0%（产品）80.0%（原料）			

图 4-67　融资规则

4.7.3　厂房规则（图 4 - 68）

名称	购买价格	租金	出售价格	容量	分值
大厂房	400W	40W/年	400W	4	10
中厂房	300W	30W/年	300W	3	8
小厂房	180W	18W/年	180W	2	7

图 4 - 68　厂房规则

说明：
- 厂房出售得到 4 个账期的应收款，紧急情况下可厂房贴现，直接得到现金。
- 厂房租入后，1 年后可作租转买、退租等处理，续租系统自动处理。

4.7.4　市场开拓规则（图 4 - 69）

名称	开发费	开发时间	分值
本地	10W/年	1年	7
区域	10W/年	1年	7
国内	10W/年	2年	8
亚洲	10W/年	3年	9
国际	10W/年	4年	10

图 4 - 69　市场开拓规则

说明：
- 开发费用按开发时间在年末支付，不允许加速投资，但可以中断投资；
- 市场开发完成后，领取相应的市场准入证。

4.7.5　ISO 资格认证规则（图 4 - 70）

名称	开发费	开发时间	分值
ISO9000	10W/年	2年	8
ISO14000	20W/年	2年	10

图 4 - 70　ISO 资格认证规则

说明：
- 开发费用在年末支付，不允许加速投资，但可以中断投资；
- 开发完成后，领取相应的资格证。

4.7.6　产品研发规则（图 4 -71）

名称	开发费	开发时间	加工费	直接成本	分值	产品组成
P1	10W/季	2季	10W	20W	7	R1* 1
P2	10W/季	3季	10W	30W	8	R2* 1　R3* 1
P3	10W/季	4季	10W	40W	9	R1* 1　R3* 1　R4* 1
P4	10W/季	5季	10W	50W	10	P1* 1 R1* 1　R3* 1

图 4 -71　产品研发规则

开发费用在季末支付，不允许加速投资，但可以中断投资。

4.7.7　原料设置规则（图 4 -72）

名称	购买单价	提前期
R1	10W	1季
R2	10W	1季
R3	10W	2季
R4	10W	2季

图 4 -72　原材料设置规则

4.7.8　其他说明

- 紧急采购，付款即到货，原材料价格为直接成本的 2 倍；成品价格为直接成本的 3 倍。
- 选单规则：首先，上年本市场销售额最高（无违约）优先；其次，看本市场本产品广告额；再次，看本市场广告总额；最后，看市场销售排名；如仍无法决定，先投广告者先选单。
- 破产标准：现金断流或权益为负。
- 第一年无订单。
- 交单可提前，不可推后，违约收回订单。
- 违约金扣除——四舍五入；库存拍卖所得现金——向下取整；贴现费用——向上取

整；扣税——四舍五入；长短贷利息——四舍五入。

- 库存折价拍卖，生产线变卖，紧急采购，订单违约记入损失。
- 排行榜记分标准：总成绩＝所有者权益×（1＋企业综合发展潜力/100），企业综合发展潜力＝市场资格分值＋ISO 资格分值＋生产资格分值＋厂房分值＋各条生产线分值，生产线建成（包括转产）即加分，无须生产出产品，也无须有在制品。

第5章　ERP沙盘模拟量化剖析

几年的经营过去，有的组已经破产了，却不知道原因；有的组盈利了，但可能很大程度上归于运气，虽然能讲出一些道理，但零星散乱。和很多管理者一样，很多小组不自觉地运用了"哥伦布式管理"。

走的时候，不知道去哪儿；

到的时候，不知道在哪儿；

回来的时候不知道去过哪儿。

下面就让我们探索企业经营的奥秘吧。本章的量化剖析以实物沙盘的规则与数据为基础。

5.1　企业经营的本质——开源节流

企业利用一定的经济资源，通过向社会提供产品和服务，获取利润，目的是股东权益最大化，作为经营者，要牢牢记住这句话，这就是企业经营的本质（图5-1），是一切行动的指南。

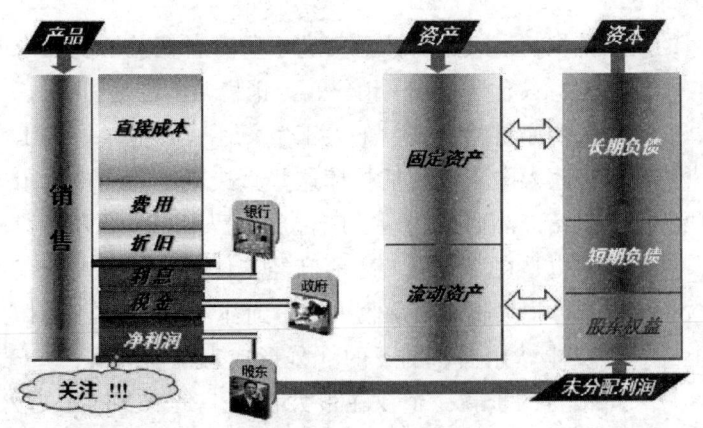

图5-1　企业经营本质

5.1.1　企业资本的两个来源

企业的资本来源于两个渠道，一是借来的，即负债；二是所有者投入的，即所有者权益。

负债包括长期负债和流动负债，长期负债一般是指企业从银行获得的长期贷款，流动负债主要指企业从银行获得的短期贷款。

所有者权益包括两部分，一部分是创立企业之初所有者的投资，即实收资本，这个数字除了发生增资的情况在实训过程中一般是不会发生变化的；另一部分是在经营过程中产生的利润分配后的剩余，即未分配利润。

5.1.2　会计恒等式

企业筹集了资本之后，将进行购买厂房和设备、采购原材料、生产加工产品等活动，余下的便是企业的流动资金了。企业的资产就是资本转化而来的，而且是等值转化，在资产负债表中，左边资产代表资本的表现形式，即企业的钱花在哪儿了；右边的负债及所有者权益代表资本的来源，即这钱是属于谁的。二者价值上必然是相等的，即资产＝负债＋所有者权益。

5.1.3　未分配利润

企业在经营中产生的利润，除了支付银行利息和国家税款之外，当然归股东所有，如果股东不分配，参加企业下一年的经营，就形成未分配利润，可以看成是股东的投资，成为权益的重要组成部分。

企业经营的目的是股东权益最大化，沙盘实训中所有者权益增加的来源只有一个，即净利润。净利来自于何处呢？只有一个——销售，但销售并不全是利润。

在销售之前，必须要采购原材料、支付工人工资，还有其他生产加工费用，最终产出产品。当把产品卖掉，销售收入中当然要抵扣掉这些直接成本；还要抵扣掉企业为形成这些销售支付的各项费用，包括产品研发费用、广告投入费用、市场开拓费用、设备维护费用、管理费用等，这些费用也是在形成收入之前已经支付的；机器设备在生产运作后会磨损贬值，资产缩水了，这部分损失也应当从收入中得到补偿，这就是折旧。

收入抵扣了上述三项成本费用后，剩下的部分形成息税前利润，归三方所有。首先，资本中有很大一部分来自银行的贷款，企业在很大程度上是依靠银行的资金产生利润的，而银行之所以贷款给企业，是为了获取利息，形成了企业的财务费用；企业的运营，离不开国家的各项投入，如道路、环境、安全等，因此利润的一部分要上缴国家，形成了企业的税收；剩余的净利润才归企业股东所有。

如何提升净利润呢？无非就是开源和节流两种方法，可以考虑其中的一种，也可以两种方法并用。开源（图 5 - 2）就是努力扩大销售，可以通过开拓市场、增加品种及扩大产能等措施实现；节流（图 5 - 3）就是尽力降低成本，可以通过降低直接成本、减少间接成本和增加毛利等措施实现。

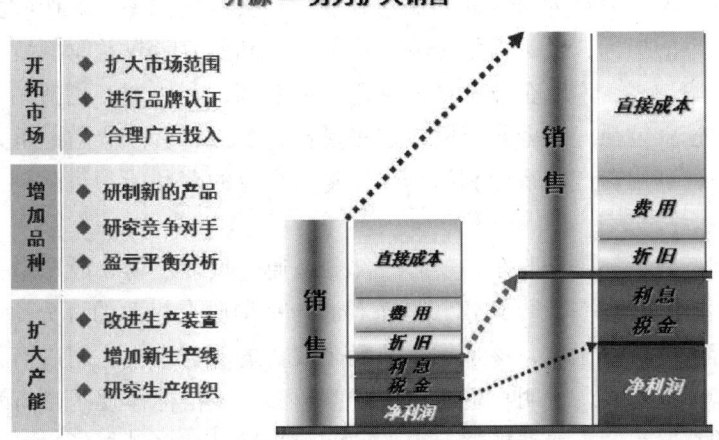

图 5 - 2 企业开源措施

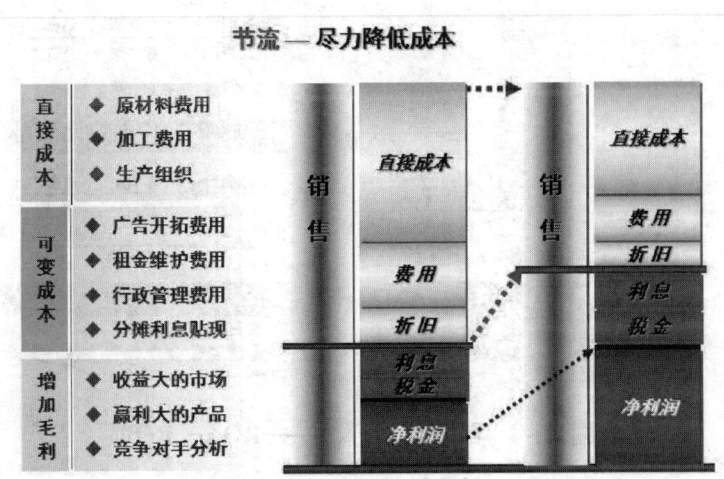

图 5 - 3 企业节流措施

5.2 透视经营的利器——财务指标

企业经营的根本是盈利，那么如何衡量经营的好坏呢？有两个关键的指标：资产收益率（Return On Assets，ROA）和净资产收益率（权益收益率）（Rate of Return on Common Stockholders' Equity，ROE）。

5.2.1　ROA 与 ROE

ROA 即资产收益率，又称资产回报率或资产报酬率，是用来衡量每单位资产创造多少净利润的指标，也可以解释为企业利润额与企业平均资产的比率。资产收益率是反映企业资产综合利用效果的指标，也是衡量企业利用债权人和所有者权益总额所取得盈利的重要指标，资产收益率越高，说明企业资产的利用效率越高，利用资产创造的利润越多，整个企业的获利能力也就越强，企业经营管理水平越高；反之，资产收益越低，说明企业资产的利用效率不高，利用资产创造的利润越少，整个企业的获利能力也就越差，企业经营管理水平越低。

但企业的资产并不都属于股东，还有一部分是通过负债获得，股东最关心的是他们所拥有的那部分权益的收益率，即 ROE，是净利润与平均股东权益的百分比，是公司税后利润除以净资产得到的百分比率，该指标反映股东权益的收益水平，用以衡量公司运用自有资本的效率。指标值越高，说明投资带来的收益越高。该指标体现了自有资本获得净收益的能力，反映的是股东的一元钱能够获得的利润，当然是越多越好了，二者之间的关系见图 5 - 4。

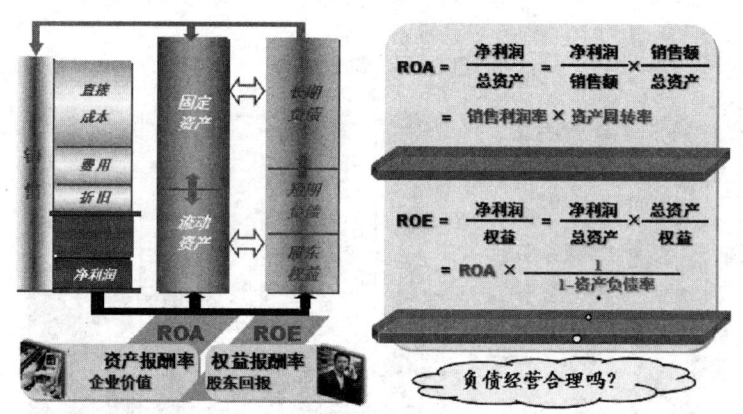

图 5 - 4　经营绩效评估——ROA、ROE

一般来说，负债增加会导致净资产收益率的上升。企业资产包括了两部分，一部分是股东的投资，即所有者权益（它是股东投入的股本、企业公积金和留存收益等的总和）；另一部分是企业借入和暂时占用的资金。企业适当运用财务杠杆可以提高资金的使用效率，借入的资金过多会增大企业的财务风险，但一般可以提高盈利，借入的资金过少会降低资金的使用效率。净资产收益率是衡量股东资金使用效率的重要财务指标。

5.2.2　杜邦分析法

ROE 是股东最为关心的指标，通过杜邦分析可以揭示影响这个指标的因素，从而发现问题产生的原因。杜邦分析法（DuPont Analysis，见图 5 – 5）是利用几种主要的财务比率之间的关系来综合地分析企业的财务状况。具体来说，它是一种用来评价公司赢利能力和股东权益回报水平，从财务角度评价企业绩效的一种经典方法。其基本思想是将企业净资产收益率逐级分解为多项财务比率乘积，这样有助于深入分析比较企业经营业绩。由于这种分析方法最早由美国杜邦公司使用，故名杜邦分析法。

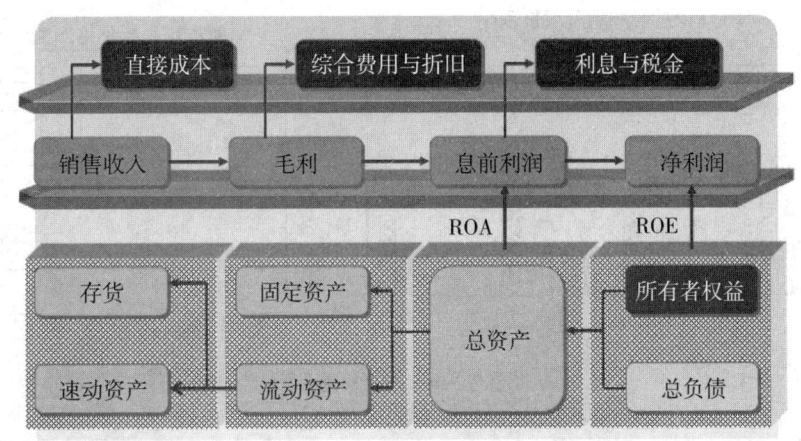

图 5 – 5　杜邦财务分析体系

采用这一方法，可使财务比率分析的层次更清晰、条理更突出，为报表分析者全面深入地了解企业的经营和盈利状况提供方便。有助于企业管理层更加清晰地看到权益收益率的决定因素，以及销售净利润与总资产周转率、债务比率之间的相互关联关系，给管理层提供了一张清晰的考察公司资产管理效率和是否最大化股东投资回报的路线图。

5.3　"年度规划"遵循的逻辑顺序

在课程中"年度规划"是企业基于内外部因素对于未来一年的整体计划，对企业发展方向起到至关重要的作用。如何使学员充分领会制订"年度规划"的正确思路是一个亟待解决的问题。目前普遍存在的现象是，各组学员对于"年度规划"往往流于形式，在年初花费很长时间仅讨论了当年投放广告的计划，缺乏整体、合理的年度战略规划安排，在全年的运营过程中存在很大的盲目性，走一步算一步，最终往往造成借高利贷、卖厂房、贴现应收账款、停工待料等不良后果。

作为企业的领导者，CEO 必须站在全局角度思考全面工作规划，"年度规划"环节需要考虑如下问题：企业想进入哪些市场？想开发哪些产品？想投资什么样的生产线？是否需要进行 ISO 认证？融资策略是什么？今年的市场投入（广告）策略是什么？上述决策的制定需考虑多方面因素，包括市场分布、竞争对手、生产计划、采购计划、融资计划等，按照下面的逻辑顺序一步步进行。

5.3.1　读懂市场预测

　　企业由于市场存在而存在，因此只能按照市场发展的客观规律来制定自己的经营战略规划。目前沙盘教学中给学员提供的市场信息主要依据是市场预测信息，如图 5 – 6。

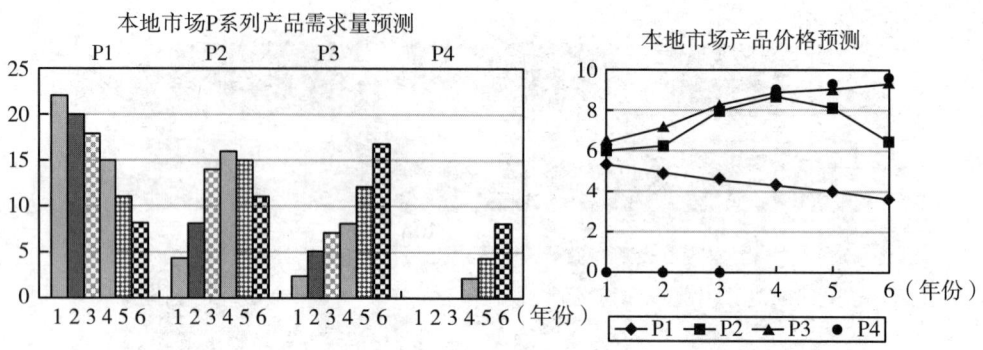

图 5 – 6　市场预测

　　左图体现了本地市场 4 种产品 6 年数量的变化情况，可以看到 P1 产品需求量是逐渐下降的，第 6 年需求只有 8 个左右；P2 产品需求量逐渐上升至第 4 年达到最高，随后逐渐下降；P3 产品需求持续攀升，尤其第 5、第 6 年升幅较大；P4 产品从第 4 年开始有需求，逐渐升高，但始终不多。右图体现了本地市场 4 种产品 6 年价格的变化情况，价格趋势与需求量趋势基本一致。

　　多数学员虽然能够看懂市场需求，但很少将各年的市场分布进行统计分析。形成相应统计表，整理出各年度、各市场、各产品的预计需求量以及平均价格，归纳出这些数据是十分重要的。

5.3.2　分析竞争对手

　　很多学员只顾本组的操作经营，往往出现状况也不清楚问题所在，其中的一个重要原因是没有关注竞争对手情况。

　　沙盘规则中有一个很关键的角色是商业间谍，负责其他竞争对手信息的搜集与加工。具体应包括：产品研发、市场开发、产能、财务状况等，从而判断不同市场上产品的竞争程度及投放广告的合理区间。

　　明晰竞争对手产品研发与市场开拓信息，不但要了解对手研发新产品的品种，还要了解对手研发周期及何时可以进入哪个市场。

　　了解对手可销售量的情况，关注对手库存数量、生产线产能情况、新建设生产线开工情况，从而计算对手产能。

　　了解对手资金状况，关注当前资金、应收账款情况、贷款偿还情况以及可能产生的新贷款情况等，从而大概估算其可能投入的广告费。

关注对手管理现状，经营气氛、CEO 表现、营销总监个性，大体估计对手可能的策略。

对所有对手进行分析工作量巨大，时间可能不足，可以分析主要竞争对手的相关信息，但是所有对手的可销售量分析是必须要做的。

5.3.3　制订生产计划

根据目前生产线状态与全年生产上线计划确定最大产能，考虑现有库存量从而计算本年可销售量。在投放广告费及选取订单时一定要以此数据为基础，切忌超可销售量接单，造成无法按时交货支付违约金的后果。

产能计算是按照每条生产线年初状态及当年生产线计划推算全年可以完工产品数量，下列使用生产过程记录表（表 5 - 1）计算出当年可以生产 6 个 P1。

表 5 -1　　　　　　　　　　　　　　**生产过程记录**

序号	生产线类型	年初状态	第 1Q	第 2Q	第 3Q	第 4Q	合计
1	手工线	P1		↓ P1			
		2	3	↑ P1	2	3	
2	手工线	P1	↓ P1			↓ P1	
		3	↑ P1	2	3	卖	
3	手工线	P1			↓ P1		
		1	2	3	卖建全自动	全建2	
4	半自动	P1		↓ P1		↓ P1	
		1	2	↑ P1	2	↑ P1	
5	柔性		建 1	建 2	建 3	建 4	
完工入库汇总		P1	1	2	1	2	6
		P2					
		P3					
		P4					

表 5 - 1 的完成稍显复杂，而且接单后的生产计划不见得按照最大产能完成，因此还可以利用更简便的方法根据生产线类型和年初状态推算出全年最大产量。不同生产线的生产能力不同，如手工线 3 个季度下线一个产品，半自动线 2 季度下线一个产品，而全自动和柔性生产线 1 季度下线一个产品，具体见图 5 -7。

手工生产线年初时在制品在 3Q 时一年可以下线 2 个产品，其他状态只能下线 1 个产品，连续经营平均产能可以按照 1.3 个/年计算；半自动生产线一年可以下线 2 个产品；全自动生产线和柔性生产线一年可以下线 4 个产品；如果年初生产线"空置"时年产能要减掉 1 个产品，这种情况手工生产线能下线 1 个产品。

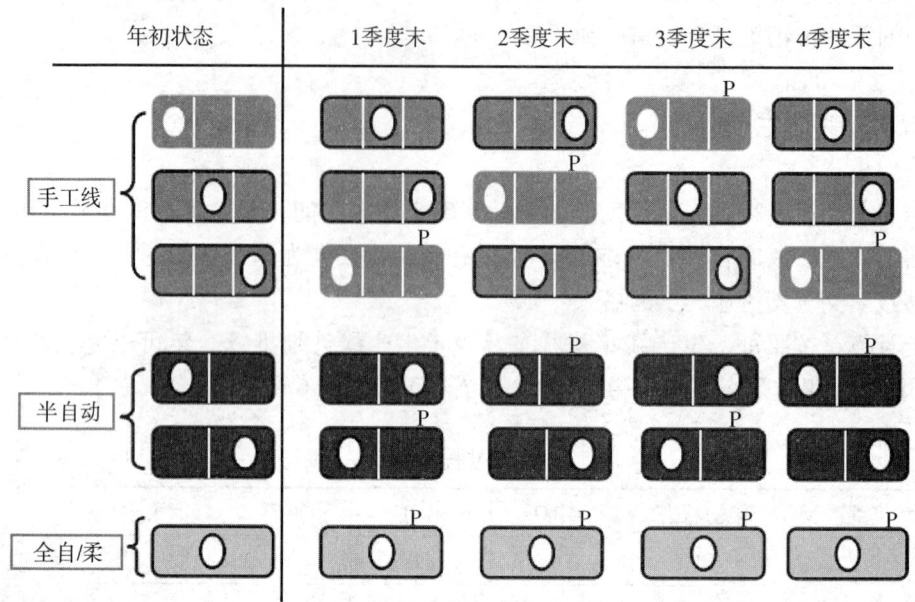

图 5 – 7　生产线产能计算

明确产能和可销售量后，才能在策划广告方案时确定不同产品的广告投入，避免投入过高的广告费，或者过量接单无法完成订单。

5.3.4　编制采购计划

原材料采购计划需要考虑以下因素：现有原材料库存、全年生产计划、各种产品的 BOM 结构、不同原料的订购周期等。部分学员在生产量很大时，往往订购大量的原材料，造成严重的资金不足，甚至现金断流；或者未及时订购原料，造成停工待料，导致无法按时交货。

5.3.5　确定广告费投放计划

当市场分析、竞争对手分析、生产能力分析等因素规划好之后，才能进行全年经营战略计划的制定。目前普遍存在的现象是各组学员在经营之初为了争当标王，盲目投入大量广告费，造成所有者权益迅速下降，贷款额度降低，后期资金严重不足，无力进行固定资产、产品研发及市场开拓投资，勉强维持经营，最终资金断流或资不抵债而破产。

因为市场的规模和自身资源的局限性，一个小组不可能将订单的全部或大部分拿走，即广告投入不可能面面俱到。因此，必须考虑主打哪个市场——市场定位，以及主打哪个产品——产品定位。营销部门在确定广告策略时应考虑以下问题：

- 如果自己的可销售量与竞争对手可销售量之和小于市场总量，竞争不激烈，广告费可以酌减；反之，则存在激烈竞争，考虑增加广告费；

- 广告费一般按照可销售总额的 10% 投入，估算出本年的"预计销售额"后，可以计算出当年的广告投入预算；
- 满足可销量因素，必须重视数量大的市场，否则有可能接单不足；
- 广告应尽量投在价格最高的市场，提高广告费效益。

5.3.6　战略实施的关键——融资计划

融资问题是制订年初经营计划时至关重要的问题，即是否有充足的现金支持企业全年战略顺利实施。融资计划要考虑的因素主要包括：当前现金量、年初可贷的长期贷款、各个季度可贷的短期贷款、各季度可收回的应收账款、各季度需支付的货款及加工费、各时点要偿还的贷款及利息、其他的各项费用（广告费、管理费、维护费、产品研发费、市场开拓费、投资新生产线及厂房的费用）等。

将各个部门的计划综合在一起并计算全年预计现金流量，检查是否存在资金断流的问题。如果存在资金断流点，就必须对计划进行调整，有些因素是可控的，如一些投资计划可以撤销或延后；有些费用则是不可控的，如每季度的管理费用。我们需要考虑的是可控因素，思路如下：

- 融资计划有无遗漏，最好通过贷款解决问题，资金成本较低；
- 固定资产投资计划是否可以暂缓，如生产线建设、厂房购买等；
- 资金断流点前是否有可以贴现的应收账款，这种方法会增加财务费用；
- 本年各季度可以到账的应收账款是否可以提前，在竞单时尽可能考虑账期短的订单；
- 广告费是否可以适当降低。

只有将计划调整为保证整个流程不出现断流点后，这个战略计划才是可行的，从而结束"年度规划"，进入下一个环节——销售竞单。

5.3.7　销售竞单

在销售竞单环节应考虑以下因素：

订单产品数量因素：数量大的订单对企业减少库存、及时回流资金、降低资金占用等方面有益，但要考虑与当年最大可销售量相匹配。

产品价格因素：价位高的订单毛利大，利润高，可以降低直接成本分摊比例，但要兼顾可销售量，避免为了高价产品而接单不足。

应收账款期限因素：账龄短的订单有利于资金快速回流，缓解资金流紧张的状况。

5.4　融资决策选择

在沙盘训练的融资环节中，往往存在以下情况：有的小组前期资金比较充裕，为了节约财务费用而不进行贷款，等到想贷款时发现所有者权益已经大大降低，贷款额度所剩无几，无法进行各项投资；有的小组在最开始就满额贷款，却没有很好利用资金，未能进行有效投资，造成大量的财务费用，蚕食了大部分利润；有的小组使用短期贷款进行长期投资，到期无法偿还。上述情况产生的原因在于融资的盲目性，没有完全理解投资计划与融资之间的逻辑关系。

教师应引导学员从"战略规划"的角度逐步掌握并领会企业投融资管理的理念和流程，体验企业运作的"血液系统"——现金流控制的真实含义。

5.4.1　市场前景分析

课程中提供的"市场预测"（图 5－8）是各年市场产品数量和价格的分布情况。对其进行深入分析，可以总结出未来市场销售额增长趋势。

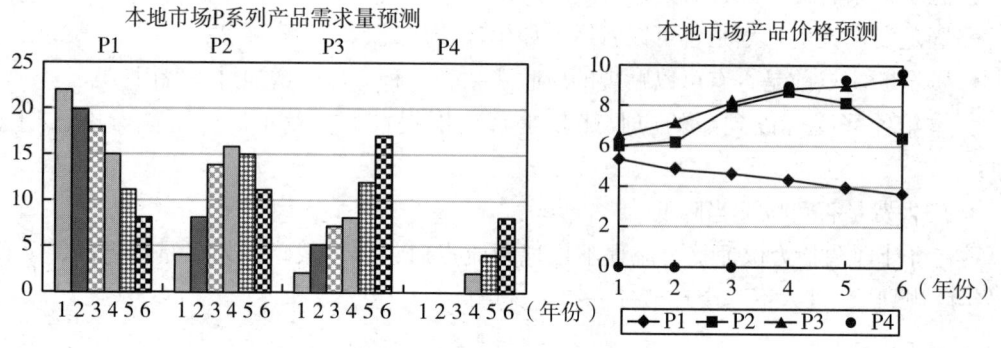

图 5－8　市场预测

可以看出市场销售额规模（图 5－9）是在急速增长的，以第 5 年销售数据为例，市场销售总量将高达 162 个。而在经营之初，各组的产能最多不过 6 ~ 8 个/年。即使在第 5 年各组产能都达到 20 个，6 个组在第 5 年也仅仅能拿走全部订单的 75%。而要达到 20 个数量的产能，各组至少要投资建设 4 条全自动生产线，需要 64M 资金，这仅仅是生产线投资费用，还没有考虑维修费、厂房建设投资或租金、产品研发、生产和采购原材料所需的资金等。很多小组直到发现产能不足才想起建设生产线，然而此时已无贷款额度。企业想要长期良好发展，资金需求量巨大，因此制定长期投资策略，从而确定融资计划是非常必要的。

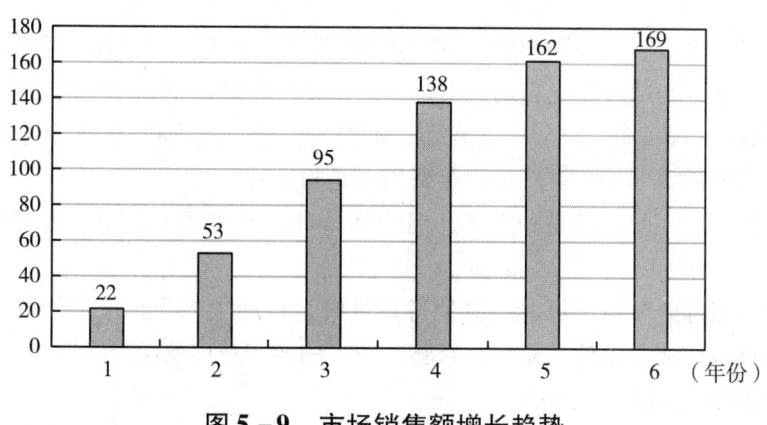

图 5 - 9　市场销售额增长趋势

5.4.2　融资方式与投资回收期相匹配

沙盘训练中的融资方式主要有长期贷款、短期贷款两种，长期贷款利息高，年利率为 10%，贷款周期长，通常为 1~5 年，还款压力小；短期贷款利息低，年利率为 5%，贷款周期短，通常为 1 年以内，还款压力大。

企业的投资按照回收期可以分为长期和短期，长期投资是回收期在 1 年以上的投资，而短期投资是回收期在 1 年以内的投资。企业的长期投资包括固定资产投资、产品研发投资、市场开拓投资、ISO 认证投资等，这些投资在短期内无法收回，需要在投资完成后的若干年内陆续收回，如建设全自动生产线投资 16M，在建成后生产产品的过程中逐年通过累计折旧的方式收回。短期投资主要指生产经营过程中进行的投资，如购买原材料支付的货款、生产产品支付的加工费等，其在销售产品时收回投资，期限较短，通常在 1 年以内。

在融资时要考虑投资的性质，长期投资应匹配长期贷款，短期投资应匹配短期贷款。

5.4.3　长期投资决策

如何投资应进行量化，然而实际情况是很多学员投资具有很大的盲目性，常常导致设备建设后空置、由于资金短缺中断研发产品投资或者研发了产品却没有生产等问题。长期投资决策主要涉及生产线投资、厂房投资、产品研发投资。

（1）生产线投资：类型选择。

生产线投资主要考虑维护成本分摊、折旧成本分摊以及厂房占用等因素。

从折旧角度分析：按照沙盘折旧计提规则计算生产线建成后前三年的折旧额，柔性生产线折旧高达 16M，而全自动生产线只有 10M，而二者每年的产能是完全一致的。

从维护成本分摊分析：所有生产线全年的维护费都是 1M，手工线每年只有 1.3 个产品下线，全自动及柔性生产线可以达到 4 个，因此手工线的维护成本分摊是全自动及柔性生产线的 3 倍。

从厂房占用角度分析：规则中最多可以建两个厂房，A 厂房可容纳 6 条生产线，B 厂房可容纳 4 条生产线，全部安装全自动或柔性生产线年产量最高可达 40 个，全部安装半自动生产线年产量最高可达 20 个，全部安装手工生产线年产量最高可达 13 个，但是这三种情况厂房占用是相同的，如果租赁厂房租金费用也是相同的。

柔性生产线虽然不受产品品种限制，但价格昂贵，导致资金占用及折旧费用过高，绝对不宜多建。

经过上述因素综合分析，可以很清楚得知投资全自动生产线是最理想的选择，但必须准确地进行生产线的产品定位，避免频繁转产带来的转产费用及停工损失。

（2）厂房投资：购买还是租赁。

有些学员认为租赁比购买合适，理由是购置 A 厂房需要花费 40M，而租金为 5M/年，6 年经营期的租金为 30M，要小于购买成本。这一错误观点是没有搞清楚资产与费用的差别，购买厂房计入固定资产，在资产负债表列示；而租赁厂房计入租金，在利润表列示，直接抵减企业利润。决策时应考虑以下几点：

- 买厂房时只是资产形式的转化，将企业的"流动资产——现金"转化为"固定资产——厂房"，资金短缺时可以将厂房出售，形成 4 期的应收账款；
- 按照本沙盘规则，厂房不计提折旧，买厂房不会影响利润；
- 租金是费用，如果 6 年全部租赁 A 厂房，最后权益将减少 30M；
- 即使厂房购置是使用长期贷款，长贷年利率为 10%，40M 每年的利息为 4M，6 年经营利息和为 24M，也低于租金 30M。

经过上述分析，可以很清楚发现融资购置厂房可以降低经营成本。

（3）产品研发：关注产品生命周期。

在沙盘训练中常常有小组同时研发 P2、P3 产品，甚至很早就把 P4 产品也研发出来，但是此时却没有市场需求，造成大量的资金占用，因此产品研发应与生命周期相适应。

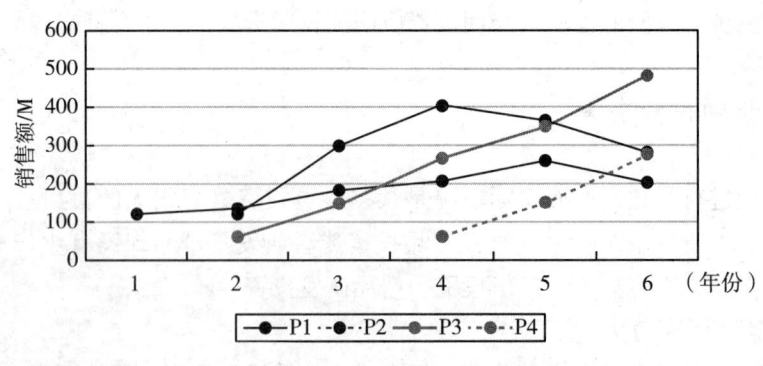

图 5 - 10　产品生命周期趋势

从图 5 - 10 可以看出：

P2 产品需求逐年上升，直到第 4 年后有所下降，是第 2 ~ 第 4 年的主流产品，若不及早研发 P2 应当属于"战略失误"。

P3 产品第 2 年需求较低，但是一直呈现上升趋势，到第 5 年超过 P2 产品，成为销售额最高的产品，是第 4～第 6 年的主流产品，在这个时段没有 P3 会极大影响销售。

如果企业产能不足 10 个，早期同时研发了 P2 和 P3 会导致接单能力不足。

P4 产品从第 4 年才开始有需求，研发成本很高，过早研发必定带来无效的资金占用，影响现金流；P4 产品市场的进入一定要分析市场容量、竞争对手情况、盈亏平衡分析等要素。

5.4.4　短期投资决策

短期投资的思路相对于长期投资要简单很多，但是各小组成员在经营时往往只考虑自己部门的资金需求，与其他部门和 CFO 缺乏沟通，各自为政，容易导致资金断流。融资应以整个企业资金来源和需求为基础，控制整体的现金流，可以采取以下流程：

- 各个部门首先制订自己部门的工作计划并生成预算；
- CFO 整合所有部门的预算信息；
- 对于预算中的各个"断流点"进行处理，一般各季度采用短期贷款，年初可以考虑长期贷款；
- 如短期贷款额度不足时，要考虑修改预算计划，如减少生产线投资等；
- 如果没有办法仍要维持原计划，在竞单时优先考虑账龄短或者零账期的订单，但这种方法具有不可控性，风险很大；
- 以上方法采用后仍存在资金缺口时，可以考虑应收账款贴现、变卖资产、借高利贷等方式，上述方式融资成本很高，会导致财务状况的恶化，尽量不要采用。

5.5　产销排程流程

沙盘培训过程中学员对于"销售、生产与采购"的逻辑关系不甚理解，常常导致接单量严重不足造成库存产品大量积压，或者与其相反，超过产能接单无法按时交货；对于材料采购也具有很大的随意性，有的大量采购造成资金占用，有的采购不及时导致停工待料。

教师应引导学员理解销售量、库存量、生产量、采购量相互之间的逻辑计算关系（图 5－11），进而把握研发周期与订单销售周期匹配、生产线生产周期与原材料采购周期匹配、订单销售与生产完工周期匹配。

沙盘培训将企业抽象的业务流程提炼为一个盘面及相应规则，降低了学员理解业务流程的难度，在盘面上可以很清晰地看到企业的全貌和各个部门之间的业务关系，有利于理解产销排程流程。

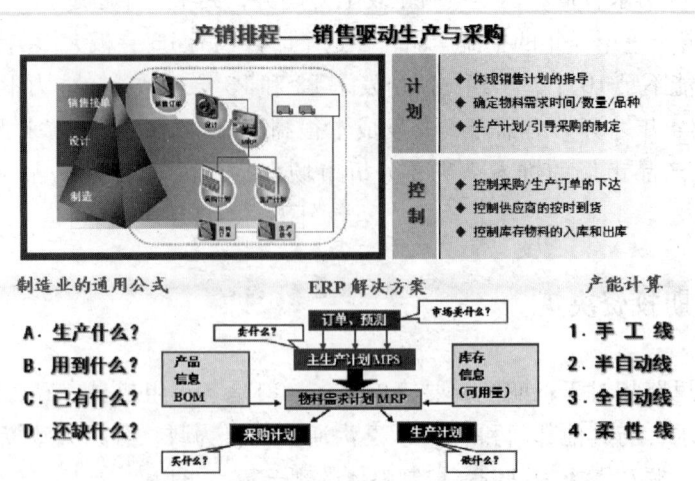

图 5 –11　产销排程流程

5.5.1　产品研发周期与产能

如果学员在第 1 年初研发 P2、P3 产品，这两款产品的研发周期为 6 个季度，在沙盘训练的第 2 年 2 季度就可以研发完成。此时各组面临的问题是第 2 年是否可以承接 P2、P3 产品的订单，如果接单，如何计算可销售数量。

目前沙盘运营流程表中的"产品研发"是在每个季度的季末，因此第 2 年 2 季度末产品研发完成，3 季度才能上线生产产品。此时，如果采用全自动或者柔性生产线进行生产，本年可以完工 1 个产品，即 3 季度上线，4 季度下线；如果采用半自动生产线，本年产品不能完工，即 3 季度上线在 1Q 的位置上，4 季度被更新到 2Q，仍然在产；如果采用手工线，则当年也不能下线产品。各组可以根据自己的生产线状况准确计算出当年 P2、P3 产品的最大产能。

此产能经常容易计算错误，导致超产能接单，很多小组认为第 2 季度研发完成，全自动生产线/柔性生产线当年可以产出两个产品，忽略了 3 季度才能上线的事实。

5.5.2　生产线建设与产能

操作规则中规定生产线有安装周期，各组需要考虑"新生产线开工周期"与"产能计算"的匹配问题。手工生产线即买即用，半自动生产线安装周期为 2 个季度，全自动生产线及柔性生产线安装周期为 4 个季度。

手工线建设当季度就能生产，如果在 1 季度开工，4 季度可以下线 1 个产品；半自动生产线建设后两个季度能上线生产，如果 1 季度开始建设，3 季度可以开始生产，当年产品不能完工；如果全自动生产线/柔性生产线 1 季度开始建设，下年 1 季度可以上线生产，当年可以下线 3 个产品，需要注意这种情况下不能下线 4 个产品，除非在年初生产线上已经有在产品，即年初时生产线已经开始使用。各小组在考虑生产线建设因素计算产能时经常出错，造成超产能接单，无法按订单交货。

5.5.3 计算最大可销售

当生产线产能（包括新生产线投产产能）、产品研发周期、年初产品库存等因素都确定以后，就可以计算当年的最大可销量了，从而为当年的竞单数量提供依据。最大可销售量计算公式如下：

$$全年最大可销售量 = 期初库存量 + 全年产能$$

需要注意，如果生产线"转产"，不同品种产品应分别计算产量。

5.5.4 销售竞单与生产计划

在销售竞单之前计算的生产产能仅仅是计算本年最大可销量，但实际的接单情况受到很多因素的影响，具有很大的随机性，销售竞单的实际结果不一定与销售计划一致。当竞单结束后，假设某组获得了一张 4 个 P1 产品的订单，填写"订单登记表"，见表 5 - 2。

表 5 - 2 订单登记表

订单号	1								合计
市场	本地								
产品	P1								
数量	4								
账期	Q3								
销售额	22								22
成本	8								8
毛利	14								14
交货季	Q1								

按照实际的接单情况制订生产计划，安排每条生产线的生产情况，分品种汇总完工及上线生产产品数量，填列"生产过程记录表"，当期完工 6 个 P1 产品，见表 5 - 3。

表 5 - 3　　　　　　　　　　　　　生产过程记录表

序号	生产线类型	年初状态	第 1Q	第 2Q	第 3Q	第 4Q	合计
1	手工线	P1		↓P1			
		2	3	↑P1	2	3	
2	手工线	P1	↓P1			↓P1	
		3	↑P1	2	3	卖	
3	手工线	P1			↓P1		
		1	2	3	卖建全自动	全建2	
4	半自动	P1		↓P1		↓P1	
		1	2	↑P1	2	↑P1	
5	柔性						
			建1	建2	建3	建4	
完工入库汇总		P1	1	2	1	2	6
		P2					
		P3					
		P4					

　　假设该组年初库存有 3 个 P1 产品，当期完工 6 个 P1 产品，交货 4 个 P1，按照当期订单及完工产品情况填列"产成品数量变化汇总表"，期末库存为 5 个 P1 产品，见表 5 - 4。

表 5 - 4　　　　　　　　　　　　产成品数量变化汇总表

产品	P1	年初	3	P2	年初		P3	年初		P4	年初	
季度	入	交	末	入	交	末	入	交	末	入	交	末
1Q	1	4	0									
2Q	2	0	2									
3Q	1	0	3									
4Q	2	0	5									

　　如上操作，称之为"以销定产"，根据所获得订单的实际情况编制生产计划，可以实现有序经营，避免销售和生产的相互脱离。

5.5.5　生产计划与采购计划

　　"以销定产"的下一步就是"以产订购"，这也是沙盘训练的精华所在。当制订出生产计划后，需要考虑生产周期、产品 BOM 结构、采购周期等因素编制采购计划，确定物料需求，制造业供应链管理 MRP 见图 5 – 12。

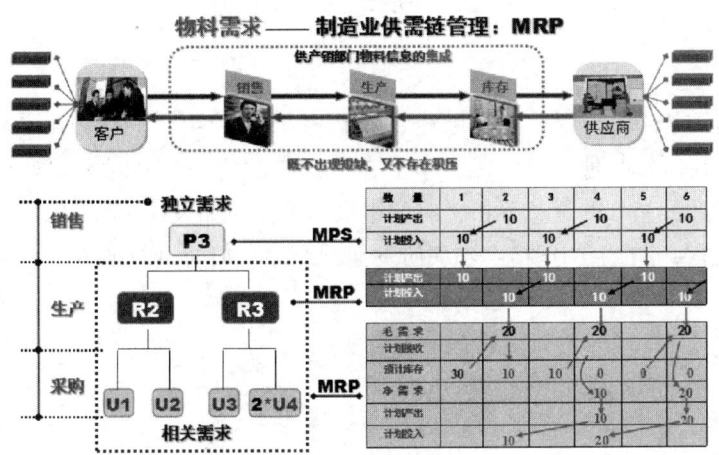

图 5 – 12　采购计划制订

下面举例说明，见表 5 – 5 "原材料需求及采购计划表"。假设企业在 3 季度计划上线生产 P4 产品 1 个，根据产品 BOM 结构需要 R2 原料 1 个、R3 原料 1 个、R4 原料 2 个。R2 原料的订购周期需要提前 1 个季度，因此需要在 2 季度下 1 个 R2 的原料订单；R3 原料、R4 原料的订购周期需要提前 2 个季度，因此需要在 1 季度下 1 个 R3、2 个 R4 的原料订单。3 季度到货 1 个 R2、1 个 R3、2 个 R4，当期应支付货款 4M。

表 5 – 5　　　　　　　　　原材料需求及采购计划表

3Q原料需求		P1	P2	P3	P4	合计	库存	到货	2Q原料采购计划			采购	1Q原料采购计划			采购
	上线				1			4M								
	R1									R1						
	R2				1	1	0	1		R2	1					
	R3				1	1	0	1						R3	1	
	R4				2	2	0	2						R4	2	

按照上述方式进行原料采购的优势：保证开始生产时有相应的原料，不会停工待料，实现 JIT 管理模式；生产上线后，原材料库存为零，这种零库存的存货管理方式可以避免资金的不合理占用，降低现金流中断的风险。

当然，在经营的后期企业的生产线众多，产能巨大，其计算过程也更为复杂，但我们仍然可以使用上述表格有序完成。

在此环节中，指导教师应引入"产销排程理论"，使学生清晰理解销售、生产、采购的逻辑关系，并引导学生根据角色履行职责，实现各角色工作间的逻辑衔接。

5.6　产品研发决策

沙盘课程提供了 4 种产品，企业已经取得了 P1 产品的生产资格，在未来 6 年的后续经营中需要考虑是否研发其他 3 种产品。学员在考虑研发何种产品时常常具有很大的随意性与盲目性，没有进行充分的量化分析，有的组很早就同时研发了 P2、P3、P4 几种产品，有的组到最后也仅有 P1 的生产资格。到底研发何种产品，何时进行研发，是学员们必须认真分析的问题。

5.6.1　产品需求及价格趋势分析

图 5 - 13 是课程提供的"市场预测"，体现了各年市场产品数量和价格的分布情况，对其进行仔细分析，可以总结出未来市场销售额增长及产品价格变化趋势。虽然各市场的情况都不相同，但是总体趋势是一致的。P1 产品的需求和价格整体上呈下降趋势，逐渐会退出主流市场；P2 产品的需求和价格呈现出先逐年上升，第 4 年达到顶峰，第 5、第 6 年逐渐下降；P3 产品的需求前期较低，呈逐年上升趋势，持续增长，价格也是持续攀升，成为后期市场的主流产品；P4 产品基本上从第 3 年之后才开始有少量需求，需求量有所增长，但一直不是很高，价格有一定幅度上升。

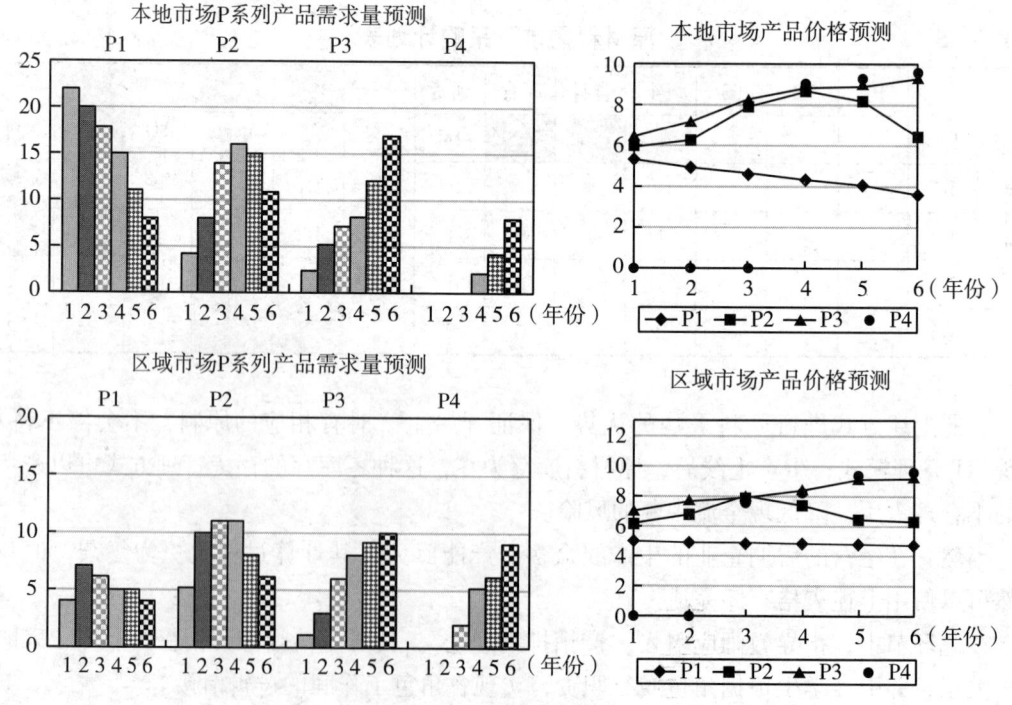

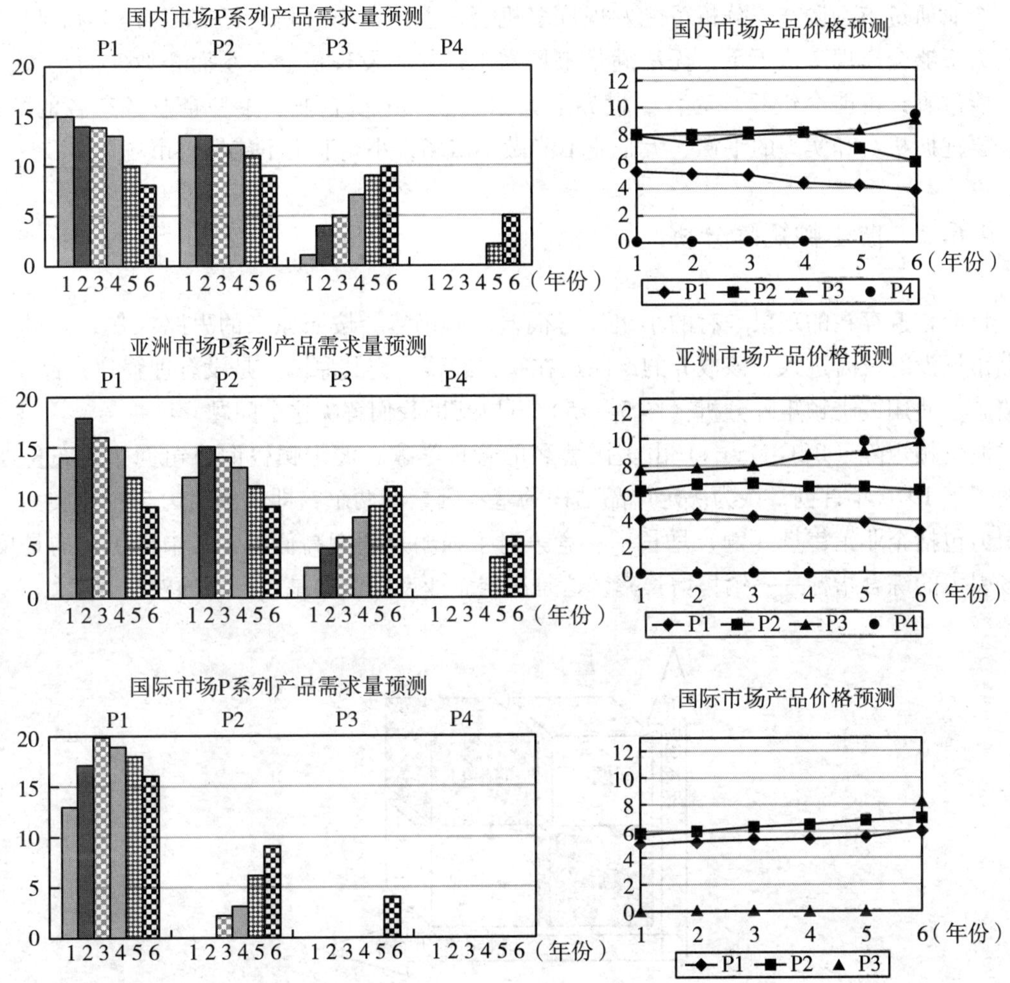

国内市场P系列产品需求量预测
P1 P2 P3 P4
国内市场产品价格预测
P1 P2 P3 P4
亚洲市场P系列产品需求量预测
P1 P2 P3 P4
亚洲市场产品价格预测
P1 P2 P3 P4
国际市场P系列产品需求量预测
P1 P2 P3 P4
国际市场产品价格预测
P1 P2 P3
（年份）

图 5－13　市场预测

从各种产品逐年销售额的变化趋势（图 5－14），可以发现 P1 产品已经过时，逐渐退出市场；P2 是第 2～第 4 年的主流产品；P3 是第 4～第 6 年的主流产品；P4 产品市场规模较小，一直也没有成为市场的主流产品，是否研发需要考虑竞争对手的情况。

销售额/M
（年份）
P1 P2 P3 P4

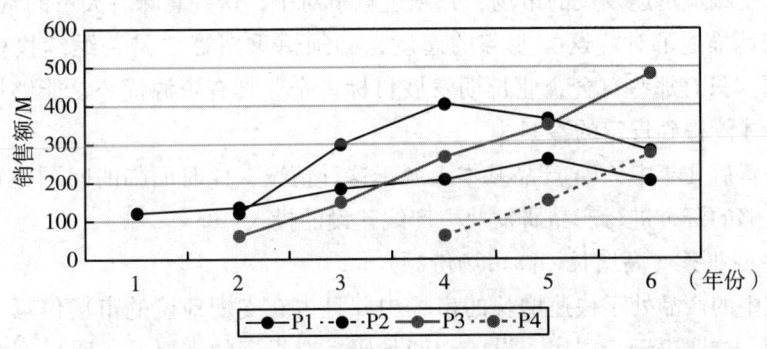

图 5－14　产品生命周期发展趋势

　　企业通过市场调查与分析可能发现许多机会，但还需要分析自己有没有实力。机会大而实力不够会出现产能不足，无法满足市场需求；如果发现机会很小而企业实力很大，导致产能过剩，可能会饿死。为什么世界上大型企业、中型企业、小型企业各有各的活法，就是要把握机会和实力的平衡，大企业不能做小市场，小企业也不能做大市场。

5.6.2　波士顿矩阵分析

　　目前普遍存在的现象是有的小组经营很差，但仍然会按照原来的思路操作，该进入的产品市场没有及时进入，该放弃的产品还在勉强经营。究其原因，是没有理解"产品定位"的概念，使用波士顿矩阵分析（图 5 - 15）可以帮助我们解决这个问题。

　　波士顿矩阵（BCG Matrix）由美国著名的管理学家、波士顿咨询公司创始人布鲁斯·亨德森于 1970 年首创，认为决定产品结构的基本因素有两个：即市场引力与企业实力。市场引力包括企业销售量（额）增长率、竞争对手强弱及利润高低等，其中最主要的是反映市场引力的综合指标——销售增长率，这是决定企业产品结构是否合理的外在因素。

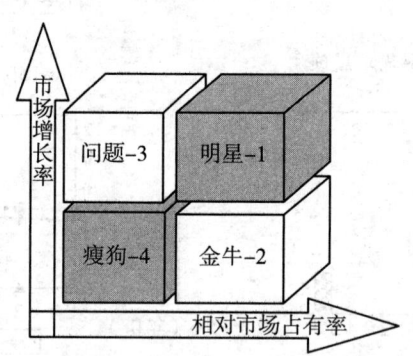

图 5 - 15　波士顿矩阵分析

　　（1）问题型业务（高增长、低市场份额）。

　　处在这个领域中的是一些投机性商品，带有较大的风险。这些产品可能利润很高，但占有的市场份额很小。这往往是一个公司的新业务，为发展问题业务，公司必须建立工厂，增加设备，以便跟上迅速发展的市场，并超过竞争对手，这些意味着大量的资金投入。"问题"非常贴切地描述了对待这类业务的态度，必须慎重回答"是否继续投资，发展该业务"这个问题。只有那些符合企业长期发展目标、企业具有资源优势、能够增强企业核心竞争力的业务才能得到肯定的答案。

　　在沙盘经营后几年中，P4 产品基本上属于这种情况，此时面临的问题是竞争对手的情况、是否有足够的资金进行产品研发及生产线建设的投入。

　　（2）明星型业务（高增长、高市场份额）。

　　这个领域中的产品处于快速增长的市场中并且占有支配地位的市场份额，但未必会产生正现金流量，这取决于新厂房、设备和产品研发对投资的需要量。明星型业务是由问题型业务继续投资发展而来的，可以视为高速成长市场中的领导者，它将成为公司未来的金牛型业务。因为市场还在高速成长，企业必须继续投资，以保持与市场同步增长，并击退竞争对手。企业如果没有明星业务，也就失去了希望。

在经营 P3 产品时，基本上属于这种情况。由于市场增长很快，P3 产品前期投入大（主要是研发费用大），而且其盈亏平衡点高（16），但此时必须坚持，从而将其转化为带来大量现金流的金牛型产品。

（3）金牛型业务（低增长、高市场份额）。

处在这个领域中的产品产生大量的现金，但未来的增长前景是有限的。它是成熟市场中的领导者，是企业现金的来源。由于市场已经成熟，企业不必投入大量的资金来扩张市场规模，同时作为市场中的领导者，该业务现有规模经济和高边际利润的优势，因而为企业带来大量现金流。企业往往用金牛型业务支撑其他三种需大量现金的业务。

在经营 P2 产品时，基本上属于这种情况。由于 P2 产品市场前几年增长很快，其总销售额基本上是 P3、P4 之和，而且其盈亏平衡点不高（15），没有 P2 的支撑，现金流将难以维系，生产线、厂房、产品研发等大额资金投入将陷入困境。

（4）瘦狗型业务（低增长、低市场份额）。

这个领域中的产品既不能产生大量的现金，也不需要投入大量现金，这些产品没有希望改进其绩效。一般情况下，这类业务常常是微利甚至是亏损的，瘦狗型业务存在的原因更多的是由于感情上的因素，虽然一直微利经营，但像人养了多年的狗一样恋恋不舍不忍放弃。其实，瘦狗型业务通常要占用更多的资源，如资金、厂房、生产线等，大多情况下是得不偿失的。瘦狗型业务适合采用收缩战略，目的在于出售库存产品，以便把资源转移到更有利的领域。

在经营 P1 产品时，基本上属于这种情况。由于 P1 产品市场在后几年进入衰退期，订单数量和价格均不理想，此时再投入大量广告费是得不偿失的，其经营策略应当以销售库存为主。当然，由于竞争原因，有时销售订单不足，生产线不能闲置，也要考虑 P1，特别是后几年的国际市场。

5.6.3　盈亏平衡分析

盈亏平衡分析的关键是计算各种产品的盈亏临界点，只有销售数量超过盈亏临界点的数量后才可能盈利，其计算公式为：

$$盈亏平衡点 = \frac{固定成本}{平均价格 - 变动成本}$$

根据公式，盈亏平衡点计算应当基于以下三个因素。

（1）分摊到每种产品上的固定成本。

在沙盘训练中要考虑的固定成本因素是研发投资、折旧、利息、维修费、租金、市场开拓、广告投入等。固定成本的计算应当首先设定经营环境，根据实践经验，大致的经营环境可以考虑如下：

- P2、P3 按照经营 5 年计算，P4 按照经营 3 年计算；

- P2、P3、P4 可以按照每年平均 2 条全自动生产线生产；
- 假设生产线为生产该产品新建，对于 P2、P3 产品 5 年后折旧计提完毕，即每条为 12M，P4 产品 3 年后每条生产线计提折旧 8M；
- P2、P3 的平均广告费用按照每年 4M 计算，P4 按照 2M 计算；
- 市场开拓与 ISO 认证按照每年 0.25M 计算；
- 利息按照平均每年 1.6M 计算；
- P2 产品经营 5 年的固定成本为研发费用 6M、折旧 24M、利息 8M、维修费用为 10M、市场开拓 1.25M、广告投入 20M，最终固定成本约为 69M；
- P3 产品经营 5 年的固定成本为研发费用 12M、折旧 24M、利息 8M、维修费用为 10M、市场开拓 1.25M、广告投入 20M，最终固定成本将达到 75M；
- P4 产品经营 5 年的固定成本为研发费用 18M、折旧 16M、利息 4.8M、维修费用为 6M、市场开拓 0.75M、广告投入 6M，最终固定成本将达到 52M。

（2）产品销售价格。

根据市场预测信息数据计算，平均价格大致是：P2 为 7.5M，P3 为 8.8M，P4 为 9.3M。

（3）变动成本。

原材料费用：P2 为 2M，P3 为 3M，P2 为 4M；加工费每个产品为 1M。

（4）盈亏平衡点计算。

$$P2\ 盈亏平衡点 = \frac{固定成本}{平均价格 - 变动成本} = \frac{69}{7.5 - 3} = 15\ （个）$$

$$P3\ 盈亏平衡点 = \frac{固定成本}{平均价格 - 变动成本} = \frac{75}{8.8 - 4} = 16\ （个）$$

$$P4\ 盈亏平衡点 = \frac{固定成本}{平均价格 - 变动成本} = \frac{52}{9.3 - 5} = 12\ （个）$$

由此可见，P2 产品至少要销售 15 个以上才能开始盈利，P3 产品也需要销售 16 个以上，而 P4 产品在 3 年内要销售 12 个以上才能盈利。对市场预测数据进行统计，发现 P2 产品的需求量约为 200 个，P3 产品的需求量约为 150 个，P4 产品的需求量约为 50 个。在考虑研发某种产品时，除了进行盈亏平衡点及整个市场需求分析外，还需考虑竞争对手情况。如每个小组都研发 P4 产品，总体市场需求为 50 个，每个小组的平均需求量不足 10 个，而只有销售 12 个以上才能盈利，因此此时开发 P4 产品很难实现盈利。

第6章　附表（实物沙盘用表）

6.1　实物沙盘市场预测（6 组）

　　这是由一家权威的市场调研机构对未来 6 年里各个市场的需求的预测，应该说这一预测有着很高的可信度。但根据这一预测进行企业的经营运作，其后果将由各企业自行承担。

　　P1 产品是目前市场上的主流技术，P2 作为对 P1 的技术改良产品，也比较容易获得大众的认同。

　　P3 和 P4 产品作为 P 系列产品里的高端技术，各个市场上对他们的认同度不尽相同，需求量与价格也会有较大的差异。

　　本地市场将会持续发展，客户对低端产品的需求可能要下滑。伴随着需求的减少，低端产品的价格很有可能会逐步走低。后几年，随着高端产品的成熟，市场对 P3、P4 产品的需求将会逐渐增大。同时随着时间的推移，客户的质量意识将不断提高，后几年可能会对厂商是否通过了 ISO9000 认证和 ISO14000 认证有更多的要求。本地市场产品需求量及价格预测见图 6 - 1。

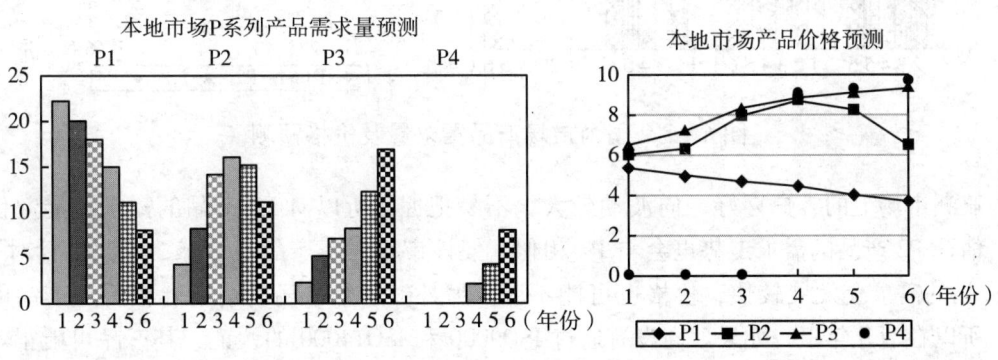

图 6 - 1　本地市场产品需求量及价格预测

　　区域市场的客户对 P 系列产品的喜好相对稳定，因此市场需求量的波动也很有可能会比较平稳。因其紧邻本地市场，所以产品需求量的走势可能与本地市场相似，价格趋势也应大致一样。该市场的客户比较乐于接受新的事物，因此对于高端产品也会比较有兴趣，但由于受到地域的限制，该市场的需求总量非常有限。并且这个市场上的客户相对比较挑剔，因此在后几年客户会对厂商是否通过了 ISO9000 认证和 ISO14000 认证有较高的要求。

区域产品需求量及价格预测见图 6 - 2。

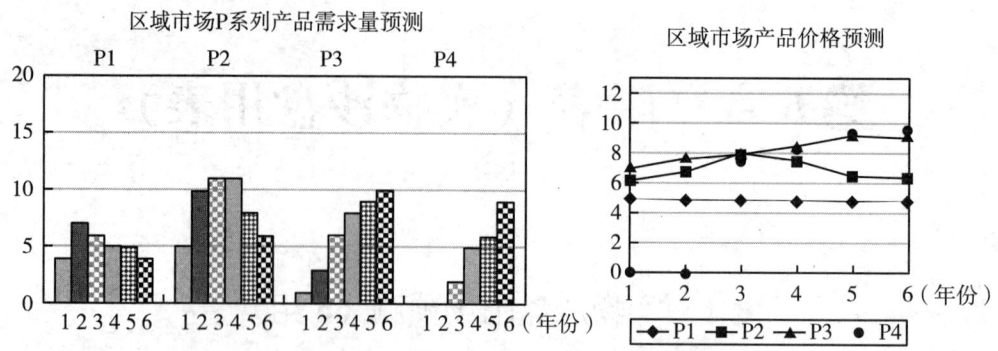

图 6 – 2　区域市场产品需求量及价格预测

因 P1 产品带有较浓的地域色彩，估计国内市场对 P1 产品不会有持久的需求。但 P2 产品因为更适合于国内市场，所以估计需求会一直比较平稳。随着对 P 系列产品新技术的逐渐认同，估计对 P3 产品的需求会发展较快，但这个市场上的客户对 P4 产品却并不是那么认同。当然，对于高端产品来说，客户一定会更注重产品的质量保证。国内产品需求量及价格预测见图 6 – 3。

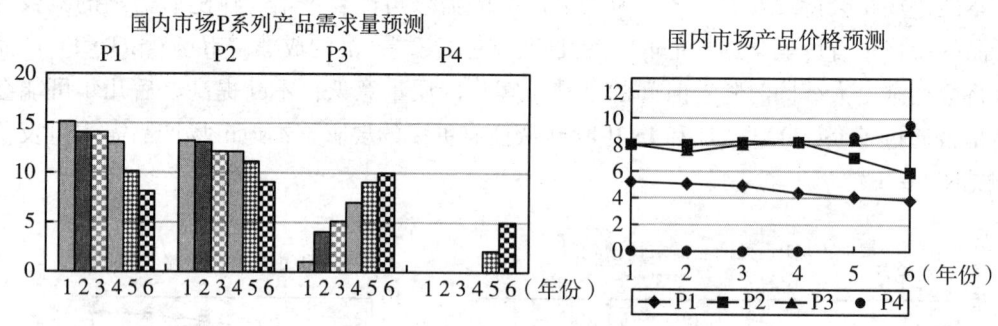

图 6 – 3　国内市场产品需求量及价格预测

亚洲市场上的客户喜好一向波动较大，不易把握，所以对 P1 产品的需求可能起伏较大，估计 P2 产品的需求走势也会与 P1 相似。但该市场对新产品很敏感，因此估计对 P3、P4 产品的需求会发展较快，价格也可能不菲。另外，这个市场的消费者很看重产品的质量，所以在后几年里，如果厂商没有通过 ISO9000 和 ISO14000 的认证，其产品可能很难销售。亚洲市场产品需求量及价格预测见图 6 – 4。

进入国际市场可能需要一个较长的时期。有迹象表明，目前这一市场上的客户对 P1 产品已经有所认同，需求也会比较旺盛。对于 P2 产品，客户将会谨慎地接受，但仍需要一段时间才能被市场所接受。对于新兴的技术，这一市场上的客户将会以观望为主，因此对于 P3 和 P4 产品的需求将会发展极慢。因为产品需求主要集中在低端，所以客户对于 ISO 的要求并不如其他几个市场那么高，但也不排除在后期会有这方面的需求。国际市场产品需求量及价格预测见图 6 – 5。

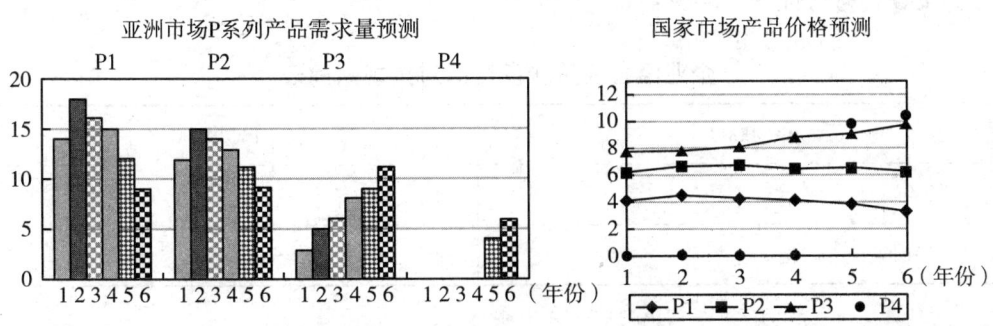

图 6 − 4　亚洲市场产品需求量及价格预测

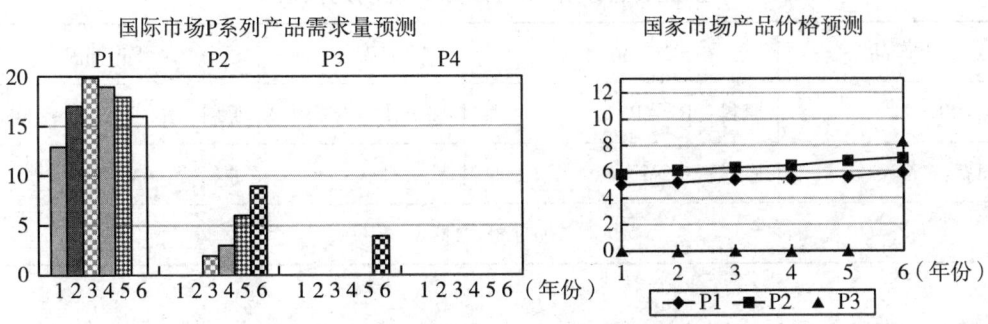

图 6 − 5　国际市场产品需求量及价格预测

6.2　企业经营决策沙盘模拟对抗规则简表

一、建筑

企业经营决策沙盘模拟对抗规则简表

	A 厂房	B 厂房
价值	40M	30M
租金/年	5M	3M
生产线	6 条	4 条

厂房按原值出售，得到的是 4Q 应收账款

二、ISO 资格认证

企业经营决策沙盘模拟对抗规则简表

ISO9000	ISO14000
时间　　2 年	时间　　3 年
投资　　1M/年	投资　　1M/年

三、产品生产

企业经营决策沙盘模拟对抗规则简表

P1 产品	P2 产品	P3 产品	P4 产品
原料：R1	原料：R1 + R2	原料：2 × R2 + R3	原料：R2 + R3 + 2 × R4
原料费：1M	原料费：2M	原料费：3M	原料费：4M
加工费：1M			

四、生产线

企业经营决策沙盘模拟对抗规则简表

生产线类型		手工	半自动	全自动	柔性
购买价		5M	8M	16M	24M
安装周期		无	2Q	4Q	4Q
生产周期		3Q	2Q	1Q	1Q
转产时间		无	1Q	2Q	无
转产成本		无	无	无	无
维护费		1M/年/条			
折旧	第 1 年（建成）	—	—	—	—
	第 2 年	1M	2M	5M	8M
	第 3 年	1M	2M	3M	5M
	第 4 年	1M	1M	2M	3M
	第 5 年	1M	1M	2M	2M
残值		1M	2M	4M	6M

五、产品研发

企业经营决策沙盘模拟对抗规则简表

产品	P2	P3	P4
时间	6Q	6Q	6Q
投资	1M/Q	2M/Q	3M/Q

六、市场开拓

企业经营决策沙盘模拟对抗规则简表

市场	本地	区域	国内	亚洲	国际
时间	开放	1 年	2 年	3 年	4 年
投资	无	1M/年	1M/年	1M/年	1M/年

七、广告与竞单

企业经营决策沙盘模拟对抗规则简表

一、市场投入 最低市场投入，每个市场各 1M。 1M 的最低投入将会给你至多一个订单，每加 2M 会有机会获得一个额外订单。	二、订单选择顺序 按该市场该产品的广告投入排序；若相同，则比较该市场全部产品广告投入；还相同，则按上年在该市场销售额的排名。

八、贷款规则

企业经营决策沙盘模拟对抗规则简表

贷款类型	贷款时间	贷款额度	年息	还款方式
长期贷款	每年年初	权益的 2 倍 - 已贷长期贷款	10%	年初付息，到期还本
短期贷款	每季度初	权益的 2 倍 - 已贷短期贷款	5%	到期一次还本、付息
高利贷	每季度初	已有 + 新增≤40M	20%	到期一次还本、付息
资金贴现	随时	视应收款额	1：7	贴现时支付贴现息

长期贷款、短期贷款、高利贷的贷款额均为 20 的整数倍。

6.3 广告登记表

广告登记表

第 1 年本地

产品	广告 A	9K	14K
P1			
P2			
P3			
P4			

第 2 年本地

产品	广告 A	9K	14K
P1			
P2			
P3			
P4			

第 3 年本地

产品	广告 A	9K	14K
P1			
P2			
P3			
P4			

第 4 年本地

产品	广告 A	9K	14K
P1			
P2			
P3			
P4			

第 5 年本地

产品	广告 A	9K	14K
P1			
P2			
P3			
P4			

第 6 年本地

产品	广告 A	9K	14K
P1			
P2			
P3			
P4			

第 1 年区域

产品	广告 A	9K	14K
P1			
P2			
P3			
P4			

第 2 年区域

产品	广告 A	9K	14K
P1			
P2			
P3			
P4			

第 3 年区域

产品	广告 A	9K	14K
P1			
P2			
P3			
P4			

第 4 年区域

产品	广告 A	9K	14K
P1			
P2			
P3			
P4			

第 5 年区域

产品	广告 A	9K	14K
P1			
P2			
P3			
P4			

第 6 年区域

产品	广告 A	9K	14K
P1			
P2			
P3			
P4			

第 1 年国内

产品	广告 A	9K	14K
P1			
P2			
P3			
P4			

第 2 年国内

产品	广告 A	9K	14K
P1			
P2			
P3			
P4			

第 3 年国内

产品	广告 A	9K	14K
P1			
P2			
P3			
P4			

第 4 年国内

产品	广告 A	9K	14K
P1			
P2			
P3			
P4			

第 5 年国内

产品	广告 A	9K	14K
P1			
P2			
P3			
P4			

第 6 年国内

产品	广告 A	9K	14K
P1			
P2			
P3			
P4			

第 1 年亚洲

产品	广告	9K	14K
P1			
P2			
P3			
P4			

第 2 年亚洲

产品	广告	9K	14K
P1			
P2			
P3			
P4			

第 3 年亚洲

产品	广告	9K	14K
P1			
P2			
P3			
P4			

第 4 年亚洲

产品	广告	9K	14K
P1			
P2			
P3			
P4			

第 5 年亚洲

产品	广告	9K	14K
P1			
P2			
P3			
P4			

第 6 年亚洲

产品	广告	9K	14K
P1			
P2			
P3			
P4			

第 1 年国际

产品	广告	9K	14K
P1			
P2			
P3			
P4			

第 2 年国际

产品	广告	9K	14K
P1			
P2			
P3			
P4			

第 3 年国际

产品	广告	9K	14K
P1			
P2			
P3			
P4			

第 4 年国际

产品	广告	9K	14K
P1			
P2			
P3			
P4			

第 5 年国际

产品	广告	9K	14K
P1			
P2			
P3			
P4			

第 6 年国际

产品	广告	9K	14K
P1			
P2			
P3			
P4			

第 1 年本地　B

产品	广告	9K	14K
P1			
P2			
P3			
P4			

第 2 年本地　B

产品	广告	9K	14K
P1			
P2			
P3			
P4			

第 3 年本地　B

产品	广告	9K	14K
P1			
P2			
P3			
P4			

第 4 年本地　B

产品	广告	9K	14K
P1			
P2			
P3			
P4			

第 5 年本地　B

产品	广告	9K	14K
P1			
P2			
P3			
P4			

第 6 年本地　B

产品	广告	9K	14K
P1			
P2			
P3			
P4			

第 1 年区域

产品	广告	9K	14K
P1			
P2			
P3			
P4			

第 2 年区域

产品	广告	9K	14K
P1			
P2			
P3			
P4			

第 3 年区域

产品	广告	9K	14K
P1			
P2			
P3			
P4			

第 4 年区域

产品	广告	9K	14K
P1			
P2			
P3			
P4			

第 5 年区域

产品	广告	9K	14K
P1			
P2			
P3			
P4			

第 6 年区域

产品	广告	9K	14K
P1			
P2			
P3			
P4			

第 1 年国内

产品	广告	9K	14K
P1			
P2			
P3			
P4			

第 2 年国内

产品	广告	9K	14K
P1			
P2			
P3			
P4			

第 3 年国内

产品	广告	9K	14K
P1			
P2			
P3			
P4			

第 4 年国内

产品	广告	9K	14K
P1			
P2			
P3			
P4			

第 5 年国内

产品	广告	9K	14K
P1			
P2			
P3			
P4			

第 6 年国内

产品	广告	9K	14K
P1			
P2			
P3			
P4			

第 1 年亚洲			第 2 年亚洲			第 3 年亚洲			第 4 年亚洲			第 5 年亚洲			第 6 年亚洲		
产品	广告		产品	广告		产品	广告		产品	广告		产品	广告		产品	广告	
	9K	14K		9K	14K		9K	14K		9K	14K		9K	14K		9K	14K
P1			P1			P1			P1			P1			P1		
P2			P2			P2			P2			P2			P2		
P3			P3			P3			P3			P3			P3		
P4			P4			P4			P4			P4			P4		

第 1 年国际			第 2 年国际			第 3 年国际			第 4 年国际			第 5 年国际			第 6 年国际		
产品	广告		产品	广告		产品	广告		产品	广告		产品	广告		产品	广告	
	9K	14K		9K	14K		9K	14K		9K	14K		9K	14K		9K	14K
P1			P1			P1			P1			P1			P1		
P2			P2			P2			P2			P2			P2		
P3			P3			P3			P3			P3			P3		
P4			P4			P4			P4			P4			P4		

本地市场

产品	第1年本地 广告	9K	14K	C	第2年本地 广告	9K	14K	C	第3年本地 广告	9K	14K	C	第4年本地 广告	9K	14K	C	第5年本地 广告	9K	14K	C	第6年本地 广告	9K	14K	C
P1																								
P2																								
P3																								
P4																								

区域市场

产品	第1年区域 广告	9K	14K	C	第2年区域 广告	9K	14K	C	第3年区域 广告	9K	14K	C	第4年区域 广告	9K	14K	C	第5年区域 广告	9K	14K	C	第6年区域 广告	9K	14K	C
P1																								
P2																								
P3																								
P4																								

国内市场

产品	第1年国内 广告	9K	14K	第2年国内 广告	9K	14K	第3年国内 广告	9K	14K	第4年国内 广告	9K	14K	第5年国内 广告	9K	14K	第6年国内 广告	9K	14K
P1																	
P2																	
P3																	
P4																	

第 1 年亚洲

产品	广告	9K	14K
P1			
P2			
P3			
P4			

第 2 年亚洲

产品	广告	9K	14K
P1			
P2			
P3			
P4			

第 3 年亚洲

产品	广告	9K	14K
P1			
P2			
P3			
P4			

第 4 年亚洲

产品	广告	9K	14K
P1			
P2			
P3			
P4			

第 5 年亚洲

产品	广告	9K	14K
P1			
P2			
P3			
P4			

第 6 年亚洲

产品	广告	9K	14K
P1			
P2			
P3			
P4			

第 1 年国际

产品	广告	9K	14K
P1			
P2			
P3			
P4			

第 2 年国际

产品	广告	9K	14K
P1			
P2			
P3			
P4			

第 3 年国际

产品	广告	9K	14K
P1			
P2			
P3			
P4			

第 4 年国际

产品	广告	9K	14K
P1			
P2			
P3			
P4			

第 5 年国际

产品	广告	9K	14K
P1			
P2			
P3			
P4			

第 6 年国际

产品	广告	9K	14K
P1			
P2			
P3			
P4			

第 1 年本地　　D

产品	广告	9K	14K
P1			
P2			
P3			
P4			

第 2 年本地　　D

产品	广告	9K	14K
P1			
P2			
P3			
P4			

第 3 年本地　　D

产品	广告	9K	14K
P1			
P2			
P3			
P4			

第 4 年本地　　D

产品	广告	9K	14K
P1			
P2			
P3			
P4			

第 5 年本地　　D

产品	广告	9K	14K
P1			
P2			
P3			
P4			

第 6 年本地　　D

产品	广告	9K	14K
P1			
P2			
P3			
P4			

第 1 年区域

产品	广告	9K	14K
P1			
P2			
P3			
P4			

第 2 年区域

产品	广告	9K	14K
P1			
P2			
P3			
P4			

第 3 年区域

产品	广告	9K	14K
P1			
P2			
P3			
P4			

第 4 年区域

产品	广告	9K	14K
P1			
P2			
P3			
P4			

第 5 年区域

产品	广告	9K	14K
P1			
P2			
P3			
P4			

第 6 年区域

产品	广告	9K	14K
P1			
P2			
P3			
P4			

第 1 年国内

产品	广告	9K	14K
P1			
P2			
P3			
P4			

第 2 年国内

产品	广告	9K	14K
P1			
P2			
P3			
P4			

第 3 年国内

产品	广告	9K	14K
P1			
P2			
P3			
P4			

第 4 年国内

产品	广告	9K	14K
P1			
P2			
P3			
P4			

第 5 年国内

产品	广告	9K	14K
P1			
P2			
P3			
P4			

第 6 年国内

产品	广告	9K	14K
P1			
P2			
P3			
P4			

第1年亚洲				第2年亚洲				第3年亚洲				第4年亚洲				第5年亚洲				第6年亚洲			
产品	广告	9K	14K	产品	广告	9K	14K	产品	广告	9K	14K	产品	广告	9K	14K	产品	广告	9K	14K	产品	广告	9K	14K
P1				P1				P1				P1				P1				P1			
P2				P2				P2				P2				P2				P2			
P3				P3				P3				P3				P3				P3			
P4				P4				P4				P4				P4				P4			

第1年国际				第2年国际				第3年国际				第4年国际				第5年国际				第6年国际			
产品	广告	9K	14K	产品	广告	9K	14K	产品	广告	9K	14K	产品	广告	9K	14K	产品	广告	9K	14K	产品	广告	9K	14K
P1				P1				P1				P1				P1				P1			
P2				P2				P2				P2				P2				P2			
P3				P3				P3				P3				P3				P3			
P4				P4				P4				P4				P4				P4			

	第1年本地				第2年本地				第3年本地				第4年本地				第5年本地				第6年本地		
				E				E				E				E				E				E
产品	广告	9K	14K		广告	9K	14K		广告	9K	14K		广告	9K	14K		广告	9K	14K		广告	9K	14K
P1																							
P2																							
P3																							
P4																							

	第1年区域				第2年区域				第3年区域				第4年区域				第5年区域				第6年区域		
				E				E				E				E				E				E
产品	广告	9K	14K		广告	9K	14K		广告	9K	14K		广告	9K	14K		广告	9K	14K		广告	9K	14K
P1																							
P2																							
P3																							
P4																							

	第1年国内				第2年国内				第3年国内				第4年国内				第5年国内				第6年国内		
				E				E				E				E				E				E
产品	广告	9K	14K		广告	9K	14K		广告	9K	14K		广告	9K	14K		广告	9K	14K		广告	9K	14K
P1																							
P2																							
P3																							
P4																							

产品	第 1 年亚洲			第 2 年亚洲			第 3 年亚洲			第 4 年亚洲			第 5 年亚洲			第 6 年亚洲		
	广告	9K	14K	产品	广告	9K	14K	产品	广告	9K	14K	产品	广告	9K	14K	产品	广告	9K	14K
P1				P1				P1				P1				P1			
P2				P2				P2				P2				P2			
P3				P3				P3				P3				P3			
P4				P4				P4				P4				P4			

产品	第 1 年国际			第 2 年国际			第 3 年国际			第 4 年国际			第 5 年国际			第 6 年国际		
	广告	9K	14K	产品	广告	9K	14K	产品	广告	9K	14K	产品	广告	9K	14K	产品	广告	9K	14K
P1				P1				P1				P1				P1			
P2				P2				P2				P2				P2			
P3				P3				P3				P3				P3			
P4				P4				P4				P4				P4			

F　第1年本地

产品	广告	9K	14K
P1			
P2			
P3			
P4			

F　第2年本地

产品	广告	9K	14K
P1			
P2			
P3			
P4			

F　第3年本地

产品	广告	9K	14K
P1			
P2			
P3			
P4			

F　第4年本地

产品	广告	9K	14K
P1			
P2			
P3			
P4			

F　第5年本地

产品	广告	9K	14K
P1			
P2			
P3			
P4			

F　第6年本地

产品	广告	9K	14K
P1			
P2			
P3			
P4			

第1年区域

产品	广告	9K	14K
P1			
P2			
P3			
P4			

第2年区域

产品	广告	9K	14K
P1			
P2			
P3			
P4			

第3年区域

产品	广告	9K	14K
P1			
P2			
P3			
P4			

第4年区域

产品	广告	9K	14K
P1			
P2			
P3			
P4			

第5年区域

产品	广告	9K	14K
P1			
P2			
P3			
P4			

第6年区域

产品	广告	9K	14K
P1			
P2			
P3			
P4			

第1年国内

产品	广告	9K	14K
P1			
P2			
P3			
P4			

第2年国内

产品	广告	9K	14K
P1			
P2			
P3			
P4			

第3年国内

产品	广告	9K	14K
P1			
P2			
P3			
P4			

第4年国内

产品	广告	9K	14K
P1			
P2			
P3			
P4			

第5年国内

产品	广告	9K	14K
P1			
P2			
P3			
P4			

第6年国内

产品	广告	9K	14K
P1			
P2			
P3			
P4			

第 1 年亚洲

产品	广告	9K	14K
P1			
P2			
P3			
P4			

第 2 年亚洲

产品	广告	9K	14K
P1			
P2			
P3			
P4			

第 3 年亚洲

产品	广告	9K	14K
P1			
P2			
P3			
P4			

第 4 年亚洲

产品	广告	9K	14K
P1			
P2			
P3			
P4			

第 5 年亚洲

产品	广告	9K	14K
P1			
P2			
P3			
P4			

第 6 年亚洲

产品	广告	9K	14K
P1			
P2			
P3			
P4			

第 1 年国际

产品	广告	9K	14K
P1			
P2			
P3			
P4			

第 2 年国际

产品	广告	9K	14K
P1			
P2			
P3			
P4			

第 3 年国际

产品	广告	9K	14K
P1			
P2			
P3			
P4			

第 4 年国际

产品	广告	9K	14K
P1			
P2			
P3			
P4			

第 5 年国际

产品	广告	9K	14K
P1			
P2			
P3			
P4			

第 6 年国际

产品	广告	9K	14K
P1			
P2			
P3			
P4			

6.4　运营流程表

运营流程表

年度规划（年初现金）				
应收账款贴现（贴现得/贴现息）				
参加订货会/登记销售订单/支付广告费				
更新长期贷款/归还长贷本金/支付长贷利息				
申请新长期贷款				
支付应付税				
季初现金盘点（请填余额）				
更新短期贷款/还本付息				
申请短期贷款				
更新高利贷/还本付息				
申请新高利贷				
出售厂房/购买厂房/支付厂房租金				
应收账款贴现（贴现得/贴现息）				
原材料入库/更新原料订单				
下原料订单				
更新生产/完工入库				
投资新生产线/变卖生产线/生产线转产				
开始下一批生产				
现金余额				
更新应收款/应收款收现				
按订单交货（"订单登记表"同步记录交货季）				
应收账款贴现（贴现得/贴现息）				
产品研发投资/领取生产许可				

支付行政管理费				
支付设备维护费				
订单违约罚金				
计提折旧				(0)
新市场开拓/领取市场准入				
ISO 认证投资/领取 ISO 资格				
结账				
现金收入合计				
现金支出合计				
期末现金对账（请填余额）				

6.5　订单登记表

订单登记表

订单号										合计
市场										
产品										
数量										
账期										
销售额										
成本										
毛利										
交货季										

6.6　产成品数量变化汇总表

产成品数量变化汇总表

产品	P1	年初		P2	年初		P3	年初		P4	年初	
季度	入	交	末	入	交	末	入	交	末	入	交	末
1Q												
2Q												
3Q												
4Q												

6.7　年末状态记录表

年末状态记录表

现金		大厂房		小厂房							
应收款	一期		二期		三期		四期			合计	
固定资产与在建工程	生产线	类型	设备价值	在建工程	折旧		P1	P2	P3	P4	完工程度
	①					在产品					
	②										
	③										
	④										
	⑤										
	⑥										
	⑦										
	⑧										
	⑨										
	⑩										
	合计		M	M	M	合计					M

续表

成品	P1	P2	P3	P4	合计
	*	*	*	*	M
原材料	R1	R2	R3	R4	合计
					M
原料订单	订单	R1	R2	R3	R4
	1Q				
	2Q				
长期负债	FY1	FY2	FY3	FY4	FY5
短期负债	Q1	Q2	Q3	Q4	合计
					M
其他贷款	Q1	Q2	Q3	Q4	合计
					M
生产资格	产品	P2	P3	P4	合计
	本年投入				M
市场准入	市场	区域	国内	亚洲	国际
	本年投入				M
ISO认证	ISO	ISO9000	ISO14000		合计
	本年投入				M

6.8　生产过程记录表

生产过程记录表

时间	生产线类型	年初状态	第1期	第2期	第3期	第4期	合计
1							
2							

时间	生产线类型	年初状态	第 1 期	第 2 期	第 3 期	第 4 期	合计
3							
4							
5							
6							
7							
8							
9							
10							
转产费（M）							
完工入库汇总		P1					
		P2					
		P3					
		P4					
上线生产汇总		P1					
		P2					
		P3					
		P4					
人工费支出（M）							

6.9　原材料需求及采购计划

原材料需求及采购计划

原材料需求计划

1Q需求		P1	P2	P3	P4	合计	库存	到货
	上线							
	R1							
	R2							
	R3							
	R4							

2Q需求		P1	P2	P3	P4	合计	库存	到货
	上线							
	R1							
	R2							
	R3							
	R4							

3Q需求		P1	P2	P3	P4	合计	库存	到货
	上线							
	R1							
	R2							
	R3							
	R4							

4Q需求		P1	P2	P3	P4	合计	库存	到货
	上线							
	R1							
	R2							
	R3							
	R4							

原材料采购计划 1

上年4Q		采购
	R1	
	R2	
	R3	
	R4	

1Q		采购
	R1	
	R2	
	R3	
	R4	

2Q		采购
	R1	
	R2	
	R3	
	R4	

3Q		采购
	R1	
	R2	
	R3	
	R4	

原材料采购计划 2

上年3Q		采购
	R1	
	R2	
	R3	
	R4	

上年4Q		采购
	R1	
	R2	
	R3	
	R4	

1Q		采购
	R1	
	R2	
	R3	
	R4	

2Q		采购
	R1	
	R2	
	R3	
	R4	

6.10　应收账款变化记录表

应收账款变化记录表

时间		1 期	2 期	3 期	4 期	合计	
上年末	余额						(1)
年初	贴现						(2)
	余额						(3) = (2) - (1)
						合计	
一季初	贴现						(4)
	余额						(5) = (3) - (4)
		0 期	1 期	2 期	3 期	4 期	合计
一季度	交货						(6)
	合计						(7) = (5) + (6)
	贴现						(8)
	余额						(9) = (7) - (8)
						合计	
二季初	贴现						(10)
	余额						(11) = (9) - (10)
		0 期	1 期	2 期	3 期	4 期	合计
二季度	交货						(12)
	合计						(13) = (11) + (12)
	贴现						(14)
	余额						(15) = (13) - (14)
						合计	
三季初	贴现						(16)
	余额						(17) = (15) - (16)

续表

时间				0 期	1 期	2 期	3 期	4 期	合计	
三季度	交货									（18）
	合计									（19）=（17）+（18）
	贴现									（20）
	余额									（21）=（19）-（20）
									合计	
四季初	贴现									（22）
	余额									（23）=（21）-（22）
				0 期	1 期	2 期	3 期	4 期	合计	
四季度	交货									（24）
	合计									（25）=（23）+（24）
	贴现									（26）
	余额									（27）=（25）-（26）

6.11　综合费用明细表

综合费用明细表

项　　目	金　　额	备　　注
管理费		
广告费		
设备维护费		
厂房租金		
转产费		
市场开拓		□区域　□国内　□亚洲　□国际
ISO 认证		□ISO9000　　　□ISO14000
产品研发		P2（　）　　P3（　）　　P4（　）
其　他		变卖生产线损失　M，订单违约罚金　M
合　计		

6.12　利润表

利润表

项　　目	上年数	本年数
销售收入		
直接成本		
毛利		
综合费用		
折旧前利润		
折旧		
支付利息前利润		
财务费用		
税前利润		
所得税		
净利润		

6.13　资产负债表

资产负债表

资　　产	期初数	期末数	负债和所有者权益	期初数	期末数
流动资产：			负债：		
现金			长期负债		
应收款			短期负债		
在制品			其他贷款		
成品			应交税金		
原料			1 年内到期的长期负债		
流动资产合计			负债合计		
固定资产：			所有者权益：		
土地和建筑			股东资本		
机器与设备			利润留存		
在建工程			年度净利		
固定资产合计			所有者权益合计		
资产总计			负债和所有者权益总计		

参考文献

[1] 丁沧海，于秋红，施晓岚.ERP沙盘模拟进阶教程 [M].北京：北京交通大学出版社，2014.

[2] 易诗莲.ERP沙盘模拟实训教程 [M].北京：北京理工大学出版社，2015.

[3] 杨天中.ERP沙盘模拟企业经营实训教程（第二版）[M].武汉：华中科技大学出版社，2015.

[4] 滕佳东.ERP沙盘模拟实训教程（第三版）[M].大连：东北财经大学出版社，2015.

[5] 吕永霞.ERP企业经营模拟沙盘实训指导教程 [M].长春：东北师范大学出版社，2015.

[6] 曹剑峰.ERP沙盘模拟实验 [M].北京：经济科学出版社，2014.

[7] 何晓岚，金晖.商战实践平台指导教程 [M].北京：清华大学出版社，2012.

[8] 刘平，安甜甜，詹艳艳.企业经营沙盘模拟实训手册（第2版）[M].北京：清华大学出版社，2015.

[9] 路晓辉，陈晓梅.沙盘模拟原理及量化剖析 [M].北京：化学工业出版社，2010.